教材编写企业顾问

徐国庆　华东师范大学职成教研究所项目课程改革专家

杜　华　LG电子中国区执行总裁助理、华南大区公司总经理

丛　安　康王集团董事长

费　勇　深圳南方网通科技有限公司总裁

尉亚波　深圳互联网技术应用协会会长

吕海滨　深圳市场营销协会副会长

工作过程导向的项目课程
高职高专系列规划教材

实用
市场营销学
Practical Marketing

主　编　郑志军　徐秋霓
副主编　戴丽萍

暨南大学出版社
JINAN UNIVERSITY PRESS

中国·广州

图书在版编目（CIP）数据

实用市场营销学/郑志军，徐秋霓主编；戴丽萍副主编 . —广州：暨南大学出版社，2014.5

（高职高专系列规划教材）

ISBN 978 - 7 - 5668 - 0618 - 5

Ⅰ.①实⋯　Ⅱ.①郑⋯ ②徐⋯ ③戴⋯　Ⅲ.①市场营销学　Ⅳ.①F713.50

中国版本图书馆 CIP 数据核字（2013）第 119451 号

出版发行：暨南大学出版社

地　　址：中国广州暨南大学
电　　话：总编室（8620）85221601
　　　　　营销部（8620）85225284　85228291　85228292（邮购）
传　　真：（8620）85221583（办公室）　85223774（营销部）
邮　　编：510630
网　　址：http：//www.jnupress.com　http：//press.jnu.edu.cn

排　　版：广州市天河星辰文化发展部照排中心
印　　刷：佛山市浩文彩色印刷有限公司

开　　本：787mm×1092mm　1/16
印　　张：11
字　　数：253 千
版　　次：2014 年 5 月第 1 版
印　　次：2014 年 5 月第 1 次
印　　数：1—3000 册

定　　价：28.00 元

（暨大版图书如有印装质量问题，请与出版社总编室联系调换）

序

中国的职业教育正处于课程改革的重要阶段。传统的学科型课程逐渐转型，以岗位实际工作能力为导向的课程正在逐步建构起来。在这一转型过程中，出现了两种看似很接近，而在理论方面存在重大差别的课程模式，即任务型课程和项目化课程。二者的表面很接近，是因为它们均强调以岗位实际工作内容为课程内容。国际上已就如何获得岗位实际工作内容取得了完全相同的基本认识，那就是以任务分析为方法。这可能是二者最为接近之处，也是人们容易混淆二者关系的关键所在。

然而极少有人认识到，岗位上实际存在两种任务，即概括的任务和具体的任务。如对商务专业而言，联系客户是概括的任务，而联系某个特定业务的特定客户则是具体的任务，工科类专业同样存在这一明显区分，如汽车专业判断发动机故障是概括的任务，而判断一辆特定汽车的发动机故障则是具体的任务。当然，许多有见识的课程专家还是敏锐地觉察到了这一区别，如我国的姜大源教授，他使用了写意的任务和写实的任务这两个概念。美国也有课程专家意识到了，这一区别并为之困惑。他们提出的问题是："我们强调教给学生任务，可现实中的任务是非常具体的，我们该教给学生哪件任务呢？显然我们没有时间教给他们所有具体的任务。"

意识到存在这两种类型的任务，是职业教育课程研究的巨大进步，而对这一问题的有效处理，将大大推进以岗位实际工作能力为取向的课程模式在职业院校的实施，项目课程就是为解决这一矛盾而产生的课程理论。它主张在课程设计中区分两个概念，即课程内容和教学载体。课程内容即要教给学生的知识、技能和态度，它们是形成职业能力的条件（不是职业能力本身），课程内容的获得要以概括的任务为分析对象。教学载体即学习课程内容的具体依托，它要解决的问题是如何在具体活动中实现知识、技能和态度向职业能力的转化，它的获得要以具体的任务为分析对象。实现课程内容和教学载体的有机统一是项目课程设计的关键环节。这套教材设计的理论基础即是项目课程。教材是课程的重要构成要素。作为一门完整的课程，我们需要课程标准、授课方案、教学资源、评价方案等，但教材是其中非常重要的构成要素，它是嫁接课程理念与教学行为的重要桥梁，是综合体现各种课程要素的教学工具。如好的教材既要体现课程标准，又要能为寻找所需教学资源提供清晰的索引，还要能有效地引导学生对教材的学习和评价。可见，教材开发是项非常复杂的工程，对项目课程的教材开发来说更是如此，因为它没有成熟的模式可循，即使在国外我们也几乎找不到成熟的项目课程教材。然而，除这些困难外，项目教材开发还面临一项艰巨的任务，那就是如何实现教材内容的突破，如何把现实中非常实用的工作知识有机地组织到教材中。

本教材在以上这些方面都进行了谨慎而又积极的尝试，其开发经历了一个较长过程（约4年时间）。首先，教材开发者们组织企业专家，以专业为单位对相应职业岗位上的工作任务与职业能力进行了细致而有逻辑的分析，并以此为基础重新进行了课程设置，撰写了专业教学标准，以使课程结构与工作结构更好地吻合，最大限度地实现职业能力培养。其次，教材开发者们以每门课程为单位，进行了课程标准与教学方案开发，在这一环节中尤其突出了项目载体的选择和课程内容的重构：项目载体的选择要求具有典型性，符合课程目标要求，并体现该门课程的学习逻辑：课程内容则要求真正描绘出实施项目所需要的专业知识，尤其是现实中的工作知识。在取得以上课程开发基础研究的完整成果后，教材开发者们才着手进行了这套教材的编写。

经过模式定型、初稿、试用、定稿等一系列复杂阶段，这套教材终于得以诞生。它的诞生是我国项目课程改革中的重要事件，这既是因为它很好地体现了项目课程思想，无论在结构和内容方面均达到了高质量教材的要求；也是因为它所覆盖专业之广，涉及课程之多为以往类似教材之所无，其系统性将极大地方便教师对项目课程的实施；还是因为其开发遵循了以课程研究为先导的教材开发范式，一个国家、一个专业、一门课程，其教材建设水平其实体现的是课程研究水平，而最终又要直接影响到其教育、教学水平。

当然，本教材也不是十全十美的，我想教材开发者们也会认同这一点。来美国之前我就抱有一个强烈愿望，希望看看美国的职业教育教材是什么样子，因此每到学校考察必首先关注其教材，然而往往也是失望而回。在美国确实有许多优秀教材，尤其是普通教育教材，设计得非常严密，其考虑之精细令人赞叹，而职业教育教材也往往只是一些参考书。美国教授对传统职业教育教材也多有批评，有教授认为这种教材只是信息的堆砌，而非真正的教材，教材应体现学与教的过程。如此看来，职业教育教材建设是全球面临的共同任务。这套教材的开发者们一定会为这一任务而继续努力，因此他们定

会欢迎老师和同学对教材的不足之处不吝赐教。

徐国庆

二〇一三年十二月

前　言

市场营销学是一门实践性、综合性和通用性很强的学科。随着我国经济的发展，企业的经营环境发生了巨大变化，市场营销在企业经营活动中的作用越来越重要，各行各业都需要营销人才，各大专院校也很重视这门课程的开设和学习。而要想在学校学好这门课，首先要有一本适合学生使用的，操作性、趣味性和专业性较强的教材，而本书的编写正努力做到这一点。

本教材是作者多年企业实际工作和教学工作的结晶，教材的编写打破了原有的模式，按照企业的工作过程导向的原则，将企业的真实项目引入课堂，让学生在真实的营销过程中学习相关的理论知识和实践技能。由此，本书将内容设计为营销准备、营销策划和营销管理三大项目。每个项目中包括项目目标（分知识目标、能力目标）、项目背景和项目分解。每个项目下又分解出若干任务，通过任务描述、任务实施、理论加油站、案例分析、技能训练和任务探究等环节，围绕引入课堂的企业产品项目展开，层层深入地进行消费者行为分析、营销环境分析、市场预测、市场调查、市场细分、确定目标市场、确定销售产品、制定产品价格、选择分销渠道、设计促销方案和撰写营销策划方案等系列活动，从而完成各项任务。这样的学习和实训能使学生具备较全面的营销技能，能胜任业务员、推销员、市场调查员、销售经理、营销策划、营销管理等岗位，为就业奠定较扎实的理论基础和专业技能。

本教材在编写的过程中，广蓄博览，借鉴了国内外专家学者的最新研究成果，具有一定的学术前沿性。同时，本教材还得到了校企合作单位及营销教研室同事的大力支持，暨南大学出版社的潘雅琴副编审对本教材的编写提出了很多宝贵意见，我的学生陈旭林、杜灵杰、刘立兴对教材的编写予以协助，在此一并向他们表示衷心的感谢。

本书可供大专院校教学使用，也可作为企业营销人员的培训教材和在职营销人员的参考书，同时还适用于即将从事营销工作的人员自学。

本书由徐秋霓总体设计内容框架及编写，郑志军、戴丽萍参与部分内容的撰写。

本书配有教学课件，包括教学大纲、教案和演示文稿等，读者可与编者直接联系获取相关资料（E-mail：2542416548@qq.com）。

市场营销学在我国发展至今理论体系已较为成熟，本书力求在理论与实践相结合、实用性与趣味性相结合、工作任务与学习过程相结合等方面有所突破，对读者提高营销实践工作的业务能力有所帮助。由于作者水平有限，不足之处在所难免，恳请读者不吝赐教。

编　者

二〇一三年十二月

目　录

项目一　营销准备

项目目标

一、知识目标

1. 掌握市场营销的定义
2. 了解营销观念的发展
3. 了解营销环境
4. 掌握市场调查与市场预测的方法
5. 了解目标市场的概念
6. 掌握细分市场的方法
7. 了解消费者的行为

二、能力目标

1. 能树立正确的营销观念
2. 会进行营销环境分析
3. 会进行市场调查与预测
4. 能介绍公司并推荐产品
5. 会细分市场并选择目标市场
6. 能对消费者行为进行分析

项目背景

这个项目主要做的是营销准备工作，包括认识市场营销、树立正确的营销观念，然后进行营销环境分析、进行市场细分、选择目标市场、进行市场调查与预测和分析购买者行为等，在企业真实项目及模拟营销公司的运作下展开相关教学活动。在这一项目里，学生首先成立模拟营销公司，选举公司经理、副经理，制定公司规章制度，设立分公司，引进相关企业产品，开展系列营销活动。

项目分解

任务一：认识市场营销
任务二：分析营销环境
任务三：购买行为分析
任务四：市场调查研究
任务五：实施STP战略

任务一　认识市场营销

📖任务描述

在进行市场营销之前首先要认识什么是市场营销，而树立正确的营销观念至关重要，只有指导思想正确了行为才会正确，所以这一环节首先让学生对模拟公司树立正确的公司营销理念，为后续工作的开展奠定基础。通过该环节加深学生对"营销观念"的认识和理解，用正确的思想指导模拟公司开展各种营销活动，把书本的知识运用到实践中去。学生通过学会沟通、学会合作、学会创新，全面提高自身的综合素质，为将来更好地适应社会、学以致用打下坚实的基础。本任务使学生对模拟公司教学法产生浓厚的兴趣，切身体会到学习营销观念是有用的，加深对创建一家公司的感受；及时发现在学习上的偏差和错误，并给予补充和纠正。

📖任务实施

步骤1：成立模拟营销公司，选举公司总经理，在经理的带领下完成下表（表1-1）。

表1-1　模拟营销公司汇总表

总公司名称						
分公司一	姓名	分公司二	姓名	分公司三	姓名	……
分公司经理1		分公司经理2		分公司经理3		
员工1		员工1		员工1		
员工2		员工2		员工2		
员工3		员工3		员工3		
员工4		员工4		员工4		
员工5		员工5		员工5		
员工6		员工6		员工6		

步骤2：编写模拟营销公司的简介。介绍模拟营销公司的营销理念、奋斗目标、口号、内部组织结构、地点及交通情况等，并填写完成下表（表1-2）。

表1-2 公司文化一览表

	第1组	第2组	第3组	第4组	第5组	第6组
公司经营理念						
口号						
公司标志						
公司队歌						
公司目标						
组织结构						
……						

步骤3：召开模拟营销公司成立大会，各公司分别上台推介本公司。

___

附：评分标准

1. 资料准备（50%）
- 公司名称、标志（5%）：简洁易记，符合法规。
- 营销观念（25%）：企业营销理念是否符合现代营销观念的要求。
- 情况介绍（10%）：图文并茂，能增加顾客对企业的好感。
- 资料效果（10%）：
2. 现场推介（50%）
- 自我介绍（10%）：穿着整齐，声音响亮，脸带微笑，眼神与顾客有交流。
- 海报制作（20%）：内容精美、健康。
- 团体精神（20%）：全组认真参与，对模拟公司情况熟悉，相互配合默契。
3. 综合成绩（100%）
- 学生评委评分（40%）
- 教师评委评分（60%）

A：90分以上；B：80～89分；C：70～79分；D：60～69分；E：60分以下。

附评分表（表1-3）如下：

表 1-3　模拟公司成立大会评分表

模拟公司名称	资料准备（50%）				现场推介（50%）			合计
	公司名称、标志（5%）	营销观念（25%）	情况介绍（10%）	资料效果（10%）	自我介绍（10%）	海报制作（20%）	团体精神（20%）	

📁 理论加油站

市场营销是商品经济发展的产物，任何一个国家的经济发展都离不开市场营销。市场营销按范围不同可分为宏观市场营销、中观市场营销和微观市场营销。宏观市场营销是从国家整体的角度研究社会经济活动，其目的在于通过社会营销活动，引导生产和消费，满足整个社会的需求，实现社会的整体目标。中观市场营销研究一个区域或一个行业的市场经济活动，其目的在于满足区域或行业消费者的需求和实现区域、行业目标。中观市场营销的主体是地方政府或行业主管。微观市场营销是站在企业的角度研究营销问题，其目的在于引导企业活动与市场和环境相适应，促进企业的产品与顾客手中的货币顺利实现互利交换，使企业在激烈的市场竞争中得以生存和发展。宏观市场营销、中观市场营销和微观市场营销是密切相关的。本书主要研究微观市场营销，旨在研究企业的市场营销活动及其规律，为企业有效地进行市场营销活动提供比较系统的理论指导和实用的操作方法。

一、市场营销学的产生与发展

1. 市场与市场构成要素

市场（market）一词最早是指买方和卖方聚集在一起进行交换的实地场所。经济学家则把市场定义为"对某一特定产品或一类产品进行交易的买方与卖方的集合"。

市场 = 人口 + 购买力 + 购买欲望

2. 市场营销与市场营销学

市场营销与市场营销学的英文均为 Marketing。市场营销是指企业在变化的市场环境中，适应和满足消费者的需求，通过一系列措施将产品或劳务从生产者手中转到消费者手中，从而实现企业经营目标的整体活动。

市场营销学就是研究这些活动及其规律的学科。它的含义可表述为：以消费者需求为中心，从销售角度研究企业整体营销活动及其影响因素的学科。

3. 市场营销学的产生与发展

市场营销学作为系统研究市场营销问题的一门独立的经济学科，是在工业革命后才出现的，它是资本主义经济发展的产物。

19世纪末20世纪初，各主要资本主义国家经过工业革命，生产迅速发展，生产能力的增长速度超过市场需求的增长速度。在这种情况下，少数有远见的企业主在经营管理上开始重视商品推销和刺激需求，注重研究推销术和广告术，一些经济学家也根据企业销售实践的需要，从理论上研究商品销售问题。1902—1903年，美国的密执安、加州和伊利诺斯等大学正式开设了市场营销方面的课程。当时虽然还没使用"市场营销"这个名称，研究的内容也仅仅是广告、分销等，但它已作为一门新学科的雏形出现在大学的课堂上。1912年，美国哈佛大学教授赫杰特齐（J. E. Hegertg）写出了第一本以"Marketing"（市场营销学）命名的教科书，全面论述了有关推销、分销和广告等方面的问题，它标志着市场营销学的产生和创立。这一时期，市场营销学的研究内容仅限于商品销售和广告业方面的问题。而且，市场营销学的研究也仅限于学术研究，尚未引起社会的广泛重视。

20世纪20年代到第二次世界大战结束，是营销学的发展阶段。1929—1933年的经济危机震撼了各主要资本主义国家。由于严重的生产过剩，商品销售困难，工商企业纷纷倒闭。这时，企业的首要问题不是怎样扩大生产和降低成本，而是如何把产品卖出去。企业开始研究市场销售活动，从而使市场营销学从大学讲坛走向社会，对市场营销学的研究也大规模开展起来。市场营销学成为指导市场营销实践活动的一门实用性学科。这一时期，市场营销学的研究，仅限于推销商品的组织机构和策略，尚未超越商品流通的范围。

第二次世界大战结束到20世纪60年代末期，是市场营销学的蓬勃发展阶段。这一时期，世界政治、经济格局都发生了重大变化。世界经济，特别是一些发达国家的经济有了迅速发展，买方市场明显增强，企业的营销观念和市场营销特点有了明显转变。一切从市场出发，满足消费者不断变化的需求已成为企业生产经营的出发点。这一时期，有关市场营销的论著大量出现，特别是1960年美国市场营销学家麦卡锡（E. Jerome McCarthy）的《基础市场学》，提出了市场营销组合理论（4P's）。1967年，美国市场营销学家菲利普·科特勒（Philip Kotler）的《营销管理：分析、计划、执行与控制》全面地提出了现代市场营销理论，强调了市场营销的管理导向，把市场营销学发展为指导企业决策的学科，形成了现代市场营销学的概念、方法与理论体系。这一时期，无论是营销观念、营销理论还是营销实践都发生了重大变革：由过去认为市场是生产的终点到认为市场是生产的起点；由过去认为市场的职能是推销企业已生产出来的产品和服务到认为营销的职能是确定需求；由市场营销只限于流通领域到走进企业生产管理的大门。由此，这一时期也被称为市场营销学的"革命"时期，并把它与资本主义的工业革命相提并论。

20世纪70年代以来，市场营销学的发展进入了一个新的阶段，它进一步与经济学、社会学、心理学、行为学、数学、统计学和公共关系学等学科密切结合，市场营销学的理论与方法日臻完善。其原理不仅广泛应用于企事业单位和行政机构，而且逐渐应用于微观、中观和宏观三个层次上，涉及社会经济生活的各个方面。市场营销学作为一门系统的学科开始趋于成熟。在我国，第一本市场营销学方面的著作是由上海复旦大学的丁馨伯教授于1933年编译并出版发行的，这标志着市场营销学的内容正式传入我国。新中国成立后，由于种种原因，这门学科曾一度遭受冷落而几乎销声匿迹。党的十一届三中全会后、20世纪80年代初，我国知识界重新引进这门学科。改革开放以来，随着我国商品经济的不断发展和社会主义市场经济体制的确立，人们对这门学科越来越重视，尤其是 20 世纪 90 年代以来，国内需求不足，市场疲软，企业之间的竞争越发激烈，越来越多的企业开始重视和研究市场营销学，该学科在企业市场营销实践中显示出了强大的生命力，进一步促进该学科在我国的迅速传播。目前，学习、研究和应用市场营销理论的活动已成为社会各界的自觉行动。

二、市场营销观念的演变

市场营销观念是指在一定时期内，占统治地位的、贯穿于企业整个市场营销活动的总体指导思想和行为准则，概括了一个企业的经营态度和思维方式。

市场营销观念是企业营销之魂，指导着企业生产经营活动的总体方向，决定着企业的营销战略和政策。市场营销观念随着商品经济的发展和市场营销环境的变化而不断发展变化，从世界商品经济的发展历史来看，市场营销观念的演变大体经历了生产观念、产品观念、推销观念、市场营销观念、社会营销观念和大市场营销观念等几个阶段。

1. 生产观念

这是一种古老的经营思想。其基本内容是：企业以生产为中心来带动和促进本身的发展。在这种思想的指导下，企业的主要精力用于增加生产和降低成本，很少或者根本不考虑消费者的需求情况。显然，这种观念是在卖方市场形势下产生的，它的存在以产品供不应求、不愁无销路为条件，以大批量、少品种、低成本的生产更能适应消费需求为前提。西方资本主义国家在工业化初期及两次世界大战后的一段时期内，物资短缺，需求旺盛，许多产品供不应求，生产观念在企业界颇为流行。

2. 产品观念

这也是一种古老的经营思想。这种观念认为：消费者总是喜欢那些质量高、性能好的产品，企业只要注重提高产品质量，就一定会有无限市场。这种观念的核心是"以质为本"。它虽然比生产观念增添了一层竞争的色彩，但仍未脱离以产定销的指导思想。在产品供给不太紧张或稍为宽裕的情况下，这种观念常常成为一些企业经营的指导思想。在 20 世纪 30 年代以前，不少资本主义企业奉行这一观念。

3. 推销观念

这是一种以推销为中心内容的经营指导思想。这一观念强调：企业要将主要精力用于推销工作，企业只要努力推销，消费者或用户就会更多地购买。在这种观念指导下，企业十分注意运用推销术和广告术，向现实买主和潜在买主大肆兜售产品，以期战胜竞争者，提高市场占有率，取得更多的利润。在产品供给稍为宽裕并向买方市场转化的过程中，许多企业往往奉行这种观念。这种观念本质上仍然是生产什么就销售什么，它流行于 20 世纪 20 年代后期到 40 年代之间。特别是 1929—1933 年资本主义经济危机期间，堆积如山的货物卖不出去，即使是质量优良的产品，也难以在市场上争得一席之地。企业认识到：即使物美价廉的产品也未必能卖出去，必须重视和加强商品销售工作。这样一来，企业经营管理的重点就从以生产为中心转向以销售为中心，重点考虑"怎样才能把产品卖出去"。

4. 市场营销观念

这是一种全然不同于上述经营观念的现代经营思想。其基本内容是：企业应以消费者需求为中心，顾客需要什么产品，企业就生产什么产品。这种观念是 20 世纪 50 年代以后产生的。第二次世界大战以后，随着第三次科技革命的出现，生产力迅速发展，产品数量与品种剧增。许多企业意识到：只有改变以往的经营思想，坚持一切从顾客需求出发，才能保证企业的生存和发展。与此同时，企业的组织机构也发生了重大变化，市场营销部门在企业中占据主导地位，市场营销经理参与企业经营总决策，并成为各职能部门的调节者与指挥者。

市场营销观念的出现，使市场营销活动发生了巨大变化，同时使市场营销发生了一次革命。它成为现代资本主义企业经营思想的主要内容之一，也是现代市场营销学的核心。它使传统的市场营销学转变为现代营销学。

5. 社会营销观念

这种营销思想是对市场营销观念的重要补充和完善。它的基本内容是：企业提供产品，不仅要满足消费者的需要，还要符合消费者和社会的长远利益，企业要把自身利益、消费者需求和社会利益有机地结合起来。很多企业为了最大限度地获取利润，迎合消费者，采用各种方式扩大生产和经营，而不顾对消费者以及社会整体利益的损害，不顾因生产而导致的环境问题等。为此，很多国家纷纷成立消费者保护协会和各种环境保护组织。一些人士提出，许多企业并没有真正奉行市场营销观念，他们打着"为消费者谋利益"的旗号，干着种种欺骗顾客的勾当，诸如以次充好、以假充真和广告欺骗等。还有一些人认为，市场营销观念还存在一些遗漏，如有时消费者喜欢并认为有益的商品并非真正有益，例如吸烟和大量使用某种有害元素含量过高的化妆品。一些商品虽然满足了消费者的需要，却给生产环境、社会环境造成了极大污染和危害。例如清洁剂工业满足了人们洗涤衣服的需要，但同时严重污染了江水，大量杀伤鱼类，危及生态平衡。因此，人们开始认识到，单纯的市场营销观念还不能解决企业利润、消费者需求和社会利益之间的矛盾，便又提出了各种新的营销观念，诸如"理智的消费观念"、"生态营销观念"和"人道营销观念"等，这些均属于社会营销观念之列。

6. 大市场营销观念

这是一种积极的、开拓型和创造型的经营思想。根据《哈佛商业讨论》1986 年第二期刊登的菲利普·科特勒的《大市场营销》一文的介绍，大市场营销观念的核心内容是：企业为了能成功地进入特定市场，并在那里从事业务经营，要在策略上协调地使用经济的、心理的、政治的和公共关系等手段以博得当地各有关方面的合作和支持。所谓特定市场是指封闭型或保护型市场。这种市场已经存在参与者和批准者设置的种种障碍、层层关卡，如歧视性法律规定、垄断协定、社会偏见和文化偏见、不友好的分销渠道、拒绝合作的态度，甚至能够提供更好的产品与服务的企业也难以进入。企业要打入这样的特定市场，必须运用大市场营销策略。在交易条件上，除做出较大的让步外，还要求营销人员具有特殊的技巧，懂得如何运用整体营销策略（亦称"4P's 策略"），制定出市场营销综合策略来吸引顾客，并力求降低成本，提高经济效益。更重要的是，要学会通过施加影响或运用政治力量（Political Power）、公共关系（Public Relations）等手段突破障碍、打破壁垒，使自己的产品在特定市场上畅销无阻。

大市场营销是在特定的市场环境下，运用特殊营销手段进行的营销活动，与一般市场营销相比，具有特殊性。大市场营销观念与一般市场营销观念，如市场营销观念、社会营销观念有一定的区别：第一，对市场环境的认识不同。一般的市场营销观念强调企业要适应和顺从企业外部环境和市场的需求，而大市场营销观念则强调企业要主动地改变和影响企业外部环境和市场的需求。第二，市场营销手段不同。大市场营销除了一般市场营销手段外，又增加了两个手段：其一是权力。企业要打入特定市场，必须征得对企业具有较大影响力的人员、立法部门和政府官员的支持。大市场营销者必须掌握高超的游说本领和技能，才能赢得权力的支持。其二是公共关系。企业在大市场营销活动中，利用公共关系，借助各方面舆论的力量，通过各种途径，逐渐在公众中树立起良好的企业形象和产品形象，往往会收到比利用权力更广泛、更持久的效果。第三，涉及的方面不同。一般市场营销观念涉及面较窄，多与顾客、经销商、广告代理商和市场调研公司等打交道。而大市场营销涉及面较宽，除一般市场营销对象外，还有立法机构、机场、党团组织、政府部门、社会团体和宗教组织等。

通常，我们把生产观念、产品观念和推销观念称为"传统营销观念"，而把市场营销观念、社会营销观念和大市场营销观念称为"现代营销观念"。

从市场营销观念的演变过程中我们可以看出，伴随着商品经济的发展，市场营销观念不断更新和完善，而且随着市场经济的发展和企业营销实践的变化，其内容不断充实，概念时有更新。例如20世纪80年代兴起的服务营销观念、关系营销观念，20世纪90年代兴起的整合营销观念，以及我国学术界提出的全面营销观念等，不仅从理论上丰富和完善了市场营销观念的内容，而且指导企业在营销实践中取得了不菲的成绩。企业应善于吸取各种营销观念的精华，结合企业自身的情况，灵活运用，并不断总结和提高。

市场营销观念概括如下：

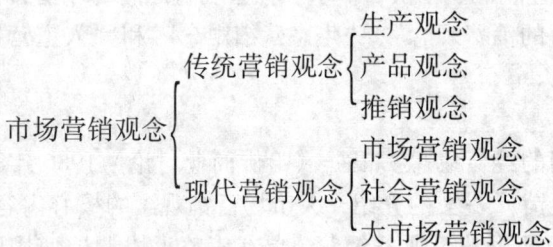

市场营销观念 { 传统营销观念 { 生产观念 / 产品观念 / 推销观念；现代营销观念 { 市场营销观念 / 社会营销观念 / 大市场营销观念 }

案例分析

案例1-1
谁是真正的市场营销人才

美国一个制鞋公司要寻找国外市场，公司派了一个业务员去非洲一个岛国，让他了解一下能否将本公司的鞋销售给他们。这个业务员到非洲后待了一天，发回一封电报："这里的人不穿鞋，没有市场。我即刻返回。"公司又派出了一个业务员，第二个人在非洲待了一个星期，发回一封电报："这里的人不穿鞋，鞋的市场很大，我准备把本公司生产的鞋卖给他们。"公司总裁得到两种不同的结果后，为了解到更真实的情况，于是又派去了第三个人，该人到非洲后待了三个星期，发回一封电报："这里的人不穿鞋，原因是他们脚上长有脚疾，他们也想穿鞋，过去之所以不需要我们公司生产的鞋，是因为我们的鞋太窄。我们必须生产宽鞋，才能满足他们对鞋的需求。这里的部落首领不让我们做买卖，除非我们借助于政府的力量和公关活动做大市场营销。我们打开这个市场需要投入大约1.5万美元。这样我们每年能卖大约2万双鞋，在这里卖鞋可以赚钱，投资收益率约为15%。"

（资料来源：gttp://www.clocin.com/p-114369430.html）

讨论题

1. 市场营销活动要求企业的营销人员应具备哪些素质？
2. 一个推销员与一个市场营销人才有什么区别？
3. 怎样理解"市场营销"这个词？

案例1-2
宝洁公司和一次性尿布

宝洁（P&G）公司长期以来以其寻求和明确表达顾客潜在需求的优良传统，被誉为在面向市场方面做得最好的美国公司之一。其婴儿尿布的开发就是一个例子。

1956年，宝洁公司开发部主任维克·米尔斯在照看其出生不久的孙子时，深切感受到一篮篮脏尿布给家庭主妇带来的烦恼。洗尿布的责任给了他灵感。于是，米尔斯就让手下几个最有才华的人研究开发一次性尿布。

一次性尿布的想法并不新鲜。事实上，当时的美国市场上已经有好几种牌子了。但市场调研显示：多年来这种尿布只占美国市场的1%。原因首先是价格太高；其次是父母们认为这种尿布不好用，只适合在旅行或不便于正常换尿布时使用。调研结果：一次性尿布的市场潜力巨大。当时，美国和世界许多国家正处于战后婴儿出生的高峰期，将婴儿数量乘以每日平均需换尿布次数，可以得出一个大得惊人的潜在销量。

宝洁公司的产品开发人员用了一年时间，力图研制出一种既好用又对父母有吸引力的产品。产品的最初样品是在塑料裤衩里装上一块打了褶的吸水垫子。但在1958年夏天的现场试验中，除了父母们的否定意见和婴儿身上的痱子以外，宝洁公司一无所获。

1959年3月，宝洁公司重新设计了它的一次性尿布，并在实验室生产了37 000片，样子类似于现在的产品，并拿到纽约州去做现场试验。这一次，有2/3的试用者认为该产品胜过布尿布。行了！然而，接踵而来的问题是如何降低成本和提高新产品质量。宝洁公司为此而进行的工序革新，比产品本身的开发难度更大。不过到1961年12月，这个项目进入了能通过验收的生产工序和产品试销阶段。

公司选择地处美国最中部的城市皮奥里亚试销这个后来被定名为"帮宝适"（Pampers）的产品。他们发现皮奥里亚的妈妈们喜欢用"帮宝适"，但不喜欢10美分一片尿布的价格。因此，价格必须降下来。降多少呢？在6个地方进行的试销进一步表明，定价为6美分一片，就能使这一新产品畅销。宝洁公司的几位制造工程师找到了解决办法，进一步降低成本，并把生产能力提高到使公司能以该价格在全国销售帮宝适尿布的水平。

帮宝适尿布终于成功推出，直至今天它仍然是宝洁公司的拳头产品之一。

讨论题

1. 宝洁公司开发一次性尿布的过程，采用了什么样的企业营销观念？
2. 宝洁公司是否把握了现代市场营销的基本精神？

✗技能训练

判断下列场景属于哪一种市场营销观念？

1. 老福特说，不管别人需要什么颜色的车，反正我的汽车就是黑色的。
2. 路边卖烤红薯的小贩一边卖还一边夸：又甜又香的红薯，快来买呀！
3. 造纸厂将产生的废水进行处理后重新利用。
4. 苹果公司根据客户的不同需要生产出不同款式、功能及价位的手机产品。
5. 柯达公司没有及时进行市场调查，盲目继续生产胶卷，最后面临尴尬的境地。

任务探究

1. 完成本项任务后你对市场营销有什么新的认识？

2. 如何将正确的营销观念运用到模拟营销公司中去？

任务二 分析营销环境

任务描述

请同学们在上一个环节建立了模拟公司的基础上，分析公司的营销环境，包括宏观和微观的影响因素，并能用SWOT分析法来分析公司的优势、弱势、机会和威胁。希望通过这次活动，同学们能及时发现学习上的偏差和错误，并予以补充和纠正，把书本的知识运用到实践中去。

📖任务实施

步骤1：分组讨论影响模拟公司市场营销活动的因素有哪些。

_____

_____

步骤2：分析影响模拟公司营销的外部宏观环境因素有哪些。

_____

_____

步骤3：分析影响模拟公司营销的内部微观环境因素有哪些。

_____

_____

步骤4：运用SWOT分析法对模拟公司的营销环境进行分析。

_____

_____

步骤5：各模拟公司代表向全班同学介绍分析情况。

_____

_____

_____

附：评分标准

总分：100分

- 能找出影响模拟公司的宏观环境因素（20%）。
- 能对影响模拟公司的各种因素进行SWOT分析，找出企业的风险和机会（40%）。
- 分析透彻（20%）。
- 文笔流畅，重点突出、清晰（10%）。
- 现场介绍效果好（10%）。

A：90分以上；B：80～89分；C：70～79分；D：60～69分；E：60分以下。

附评分表（表1-4）如下：

表1-4　营销环境分析评分表

模拟公司名称	宏观环境分析（20%）		微观环境分析（20%）		SWOT分析（30%）		现场表现（30%）			合计
	内容	条理	内容	条理	内容	条理	角色分工（10%）	精神面貌（10%）	团体合作（10%）	

📂 理论加油站

市场营销环境的含义：市场营销环境泛指一切影响和制约企业市场营销决策和实施的内部条件和外部环境总和。市场营销环境通过对企业构成威胁或提供机会来影响营销活动。环境威胁是指环境中不利于企业营销、对企业形成挑战、对企业的市场地位构成威胁的因素及其发展趋势。市场机会指由环境变化造成的对企业营销活动富有吸引力和存在利益空间的领域。

一、宏观营销环境分析

（一）自然地理环境

一个国家、一个地区的自然地理环境包括该地的自然资源、地形地貌和气候条件等，这些因素都会不同程度地影响企业的营销活动，有时这种影响甚至对企业的生存和发展起决定作用。

1. 物质自然环境

物质自然资料是指自然界提供给人类的各种形式的物质财富。例如，矿产资源、森林资源、土地资源和水力资源等。

自然环境对企业营销的影响表现在两个方面：

（1）自然资源短缺的影响。近几年，资源紧张使得一些企业陷入困境，但也促使企业寻找替代品，降低原材料消耗。例如：天然油脂吃紧，使一些以此为主料的肥皂厂陷入困境。四川某肥皂厂也遇到了同样的困难，但该厂马上研制出"芙蓉牌"肥皂粉，既提高了产品的功效，又降低了原材料的消耗，很快赢得了消费者的青睐，占领了市场。

（2）环境污染与保护。环境污染已成为举世瞩目的问题。对此，各国政府都采取了一系列措施，对环境污染问题进行控制。这样，一方面限制了某些行业的发展，另一方面也为企业带来了两种营销机会：一是为治理污染的技术和设备提供了一个大市场；二是为不破坏生态环境的新生产技术和包装方法创造了营销机会。因此，企业经营者要了解政府对资源使用的限制和对污染治理的措施，力争做到既能减少环境污染，又能保证企业发展，提高经济效益。

2. 地理环境

一个国家或地区的地形、地貌和气候，是企业开展市场营销所必须考虑的地理环境因素，这些地理特征对市场营销有一系列影响。例如，气候（温度、湿度等）与地形地貌（山地、丘陵等）特点，都会影响产品和设备的性能和使用。在沿海地区运转良好的设备到了内陆沙漠地区就有可能发生性能的急剧变化。有些国家地域辽阔、南北跨度大，各种地形、地貌复杂，气候多变，企业必须根据各地的自然地理条件生产与之相适应的产品，才能适应市场的需要。

如果从经营成本上考虑，那么平原地区道路平坦，运输费用比较低，而山区丘陵地带道路崎岖，运费自然就高。可见，气候、地形和地貌不仅影响到一个地区的经济、文化和人口分布状况，而且还会直接影响企业的经营、运输、通信和分销等活动。因此，企业开展营销活动,必须考虑当地的气候与地形、地貌,使其营销策略能适应当地的地理环境。

(二)人口环境

市场营销的人口环境是由人口总数、人口增长率和人口构成等因素组成的。人口环境的变化直接影响市场的发展,因为市场的需求方是由具有购买能力的消费者所构成的,这样的消费者越多,市场规模和容量也越大,企业营销的机会就越多。但由于人口中的年龄结构、地理分布、人口密度等不同,使消费结构、消费方式等均有显著的差异,进而影响营销活动。

1. 人口总量

随着科学技术进步、生产力发展和人民生活条件的改善,世界人口平均寿命延长,死亡率下降,全球人口持续增长。据联合国估计,世界人口每年将以 8 000 万~9 000 万的速度增长。同时,世界人口的增长呈现出极端的不平衡。人口增长最快的是发展中国家,发达国家的人口出生率下降,甚至出现负增长。

人口的急剧增长,对企业营销有重大意义。人口增长意味着市场需求的增长,如果人们有足够的购买力,则人口增长即表示市场的扩大。如果人口增长对各种资源的供应形成过大的压力,生产成本就会上升,那么利润则下降。发达国家出生率下降,则导致儿童市场萎缩,旅游、娱乐、餐饮、休闲等市场则相应扩大。

2. 人口的地理分布

人口的地理分布指人口在不同地区的密集程度。任何一个国家和地区的人口分布绝不是均匀的。我国的人口主要集中在中东部地区,人口密度从东南向西北逐渐递减。

人口的地理分布也体现出不同的消费习惯及需求特征。如我国不同地区的食物结构就有很大的不同。南方人以大米为主食,北方人以面粉为主食,江浙人喜甜,川湘人喜辣。

从全球范围看,人口流动有如下几方面的趋势:

(1)向阳光地带迁移。以美国为例,1980—1990 年这 10 年中,西部人口增长 17%,南部人口增长 14%。英国的企业认为,如果这样的趋势加剧的话,御寒用品、取暖设备的需求会下降,而制冷产品的需求则会上升。

(2)从农村向城市迁移。这一趋势已经持续了一个多世纪,这是由于都市生活具有交通方便、收入较高、文体活动丰富、易得到商品和服务等优势,对乡村人口形成一定的吸引力。城市人口、农村人口对商品交换的依赖程度是不同的,城市人口所需的商品几乎全部依赖于到市场购买,而农村人口则有一部分需求可以通过自给来解决。所以,在人口总量不变的条件下,城市人口比重的增加,往往会增大市场需求量。

(3)向城市郊区迁移。由于市中心拥挤、空间小、污染重,而郊区清新的空气、安静的生活环境对市民有一定的吸引力,加上交通日趋方便,导致城市人口流向郊区。近些年来,我国一些大城市市中心百货商场等零售机构销售额下降,而处在城郊结合部的一些商业机构销售额剧增,这种状况证实了这一趋势。

3. 人口的年龄结构

人口年龄结构指一定时期的不同年龄构成。不同年龄层次的消费者因为生理和心理特征、人生经历、收入水平和经济负担状况不同,他们的消费需要、兴趣爱好和消费模式也就存在不同的特征。

（1）儿童阶段（0~6岁）。儿童阶段的生理需要是基本的，主要消费品是婴幼食品、尿布、童装、简单玩具等。儿童期消费不能算作能够进行独立购买决策的消费，其消费一般通过儿童亲属的消费行为得以完成。儿童期消费行为有三个特征：第一，从纯粹生理需要开始向具有社会内容的需要发展，其消费行为中逐渐加入了意识的成分；第二，从消费情绪极不稳定向稍有稳定性转变，即随着年龄的增长和对外界事物认识的提高，儿童控制自己情感的能力有所增强；第三，从模仿性消费开始向具有个性特点的消费过渡。

（2）少年阶段（7~14岁）。少年阶段除生理需要之外，也具有一定的心理需要，消费品也有了显著变化。这一阶段的主要消费品有营养食品、新颖服装、较为复杂的玩具（例如电子游戏机）、启迪性的文化娱乐用品、书籍等。少年阶段的消费者，无论是生理还是心理特征，都处在急剧变化状态中。其特征如下：第一，强烈渴望自己在消费过程中不断提高独立性和自主性，渴望具有成人的消费决策地位和权力。但是，他们还不能摆脱消费方面的依赖性。第二，购买行为的态度趋向稳定，有意识的消费行为明显增多。第三，消费的社会内容明显增多，所受社会影响也日益增强。

（3）青年阶段（15~25岁）。这一阶段生理需求和心理需求各占一半，主要消费品为有时代感的服装、装饰品、学习用品、运动器械、书报杂志和影视娱乐等。其特征包括以下内容：第一，追求新颖，代表潮流，对传统观念敢于挑战；第二，消费过程中追求独立的个性显示，自我意识强，喜欢独立自主；第三，消费过程中情感色彩浓厚，选购商品时，感情作用大于理智，受商品的心理功能因素和商业推销宣传的影响较明显，容易出现冲动性购买行为。

（4）成年阶段（26~60岁）。这一时期其心理需求更加旺盛，生理需求的差别化特征也日趋明显。具体特征如下：第一，消费者个人消费行为一般是自主的、独立的，外在因素虽可以施加一定影响，但其影响作用有限；第二，消费目的性明显，当消费价值观和定势形成后，消费行为具有一定的持续性。

（5）老年阶段（61岁以上）。这一阶段的消费特征如下：第一，需要范围缩小，结构有所改变，由于精力、体力上的衰退，他们的活动范围变得狭小，消费行为更加集中；第二，追求消费的方便和实用，强调舒适和安全，不追求华而不实的东西；第三，相信消费经验，习惯性强，对于不了解的商品不愿轻易购买和使用。

国际上把60岁以上人口占总人口的10%或65岁以上人口占总人口的7%的国家和地区视为进入"老龄化社会"，我国目前已经进入老龄化社会。据统计，目前中国老年人各项收入和家庭资助合计有3 200亿~4 000亿元的购买力，到2025年将达到14 000亿元的购买力。这个巨大的潜在消费市场无疑是今后扩大内需的一个经久不衰的经济增长点。

4. 家庭单位及家庭规模

有些商品不是以个人为销售对象，而是以家庭为销售对象的。例如，电冰箱、洗衣机、电视机、微波炉和家具等。据美国人口理事会的一项调查表明，进入20世纪90年代中期，世界普遍呈现出家庭规模缩小的趋势，这意味着家庭单位数量在不断增加。调查还表明，越是经济发达地区，家庭规模就越小。例如，欧洲、北美国家的家庭规模基本上维持在3人左右，亚非拉地区的发展中国家每户家庭人口平均在5人左右。这一趋势一方面引起家庭用品总需求的增加；另一方面，产品的规格、结构不同于几世同堂大家庭对产品的要求，企业应对此做出积极的反应。

5. 性别

人口的性别构成与市场需求关系密切。由于男性和女性在生理与心理上存在着差异，所以决定他们有不同的消费内容和特点。一些产品有明显的性别属性，但随着社会的发展，男女性别角色也在悄然变化，使市场需求也随之变化。例如，市场上也出现了女性香烟、女性牛仔服、女性领带及男性化妆品等商品。

（三）经济环境

经济环境对企业营销活动的影响在于其不仅制约了社会总购买力的水平和结构，而且也制约了供给方的规模和范围。这是影响市场营销的最活跃的因素，直接影响人们的购买力和当前的市场容量。

从经济类型上看，经济环境有富裕发达型、快速发展型和生存贫困型。中国目前东部沿海地区经济相对发达，国民收入较高，市场购买力水平较高。这类地区的消费水平必然大大高于内陆省份。而中西部地区经济相对落后，不少边远农村甚至解决不了温饱问题，其整体消费水平必然较低。

从消费者收支上看，消费者的购买力来自消费者的收入。消费者收入的高低直接影响购买力的大小，从而决定市场规模大小和消费支出模式。我们可以根据人均收入（人均收入是用国民收入总量除以总人口）推测出相应地区的消费水平。

消费者由于收入水平的差别，支出行为也是千差万别。德国统计学家恩斯特·恩格尔在研究劳工家庭支出时发现：一个家庭收入越少，其支出中用来购买食物的比例就越大；随着家庭收入的增加，用于购买食物的比例下降，而用于其他方面开支所占的比重将上升。这被称之为"恩格尔定律"。"恩格尔系数"决定了不同地区的产品消费结构。企业研究它的基本状态，将对制定营销计划，做精、做好市场很有作用。

日本电视机厂商发现，尽管中国人收入不多，但中国人有储蓄的习惯，且人口众多。于是，他们决定开发中国黑白电视机市场，不久便获得成功。当时，西欧某国电视机厂商虽然也来中国调查，但认为中国人均收入过低，市场潜力不大，结果贻误了商机。

（四）社会文化环境

社会文化因素一般指在一种社会形态下已经形成的信息、价值观念、宗教信仰、道德规范、审美观念以及世代相传的风俗习惯等被社会所公认的各种行为规范。企业应分析、研究和了解社会文化环境，以针对不同的文化环境制定不同的营销策略。"指南针地毯"的成功营销案例说明了诸如宗教等社会文化因素对营销策略的影响。

有人认为，在营销环境的诸多因素中，文化因素对市场营销的影响相对要小一些。其实，文化因素的影响在其影响深度和广度上要超过其他因素。

1. 传统

传统是文化坏境中一个重要组成部分，它是在长期的历史过程中逐步形成和发展起来的。它作为一个相对稳定的环境因素，对人们的消费心理和消费行为都有着不可低估的影响。"入境而问禁，入国而问俗，入门而问讳"。了解目标市场消费者的禁忌、习俗、避讳、信仰、伦理等，是企业开展市场营销活动的重要前提。"指南针地毯"的成功与"欧洲冻鸡"的退货说明了传统对营销的影响。营销人员必须分析、研究和了解目标市场的历史传统和风俗习惯，因为这是市场定位和营销策略组合的基础。

2. 价值观念

价值观念是指生活在某一社会环境下的多数人对事物的普遍态度、看法或评价。一般而言，生活在相同的社会环境中，人们的价值观念就相近；相反，生活在不同的环境中，人们的价值观念就不同。消费者对商品的需求和购买行为深受价值观念的影响，对于不同价值观念的消费群体，市场营销就应该采取不同的策略。例如，对乐于变革、喜欢猎奇、富有冒险精神的消费者，应重点强调产品的新颖和奇特；而对一些注重传统、喜欢沿袭传统的消费者，企业在制定促销策略时最好把产品和目标市场的文化传统联系起来。

过去，我国出口的黄杨木雕一向用料考究，精雕细刻，以传统的福禄寿星或古装仕女图案行销亚洲的一些国家和地区。后来出口到欧美一些国家，发现他们对中国传统的制作原料、制作方法和图案不感兴趣，因为与亚洲人相比，欧美人的价值观、审美观大不一样。因此，我国工艺品进出口公司一改过去的传统做法，用一般杂木做简单的艺术雕刻，涂上欧美人喜爱的色彩，并加上适用于复活节、圣诞节、狂欢节的装饰品，很快在西方市场打开销路。

3. 教育状况

教育是按照一定目的要求，对受教育者施以影响的一种有计划的活动，是传授生产经验和生活经验的必要手段，反映并影响着一定的社会生产力、生产关系和经济状况，是影响企业市场营销的重要因素。教育状况对营销活动的影响，可以从以下几个方面考虑：

（1）对企业选择目标市场的影响。处于不同教育水平的国家或地区，人们对商品的需求不同。

（2）对企业营销商品的影响。文化不同的国家和地区的消费者，对商品的包装、装潢、附加功能和服务的要求有差异。通常，文化素质高的地区或消费者要求商品包装典雅华贵，对附加功能也有一定要求。

（3）对营销调研的影响。企业的营销调研在受教育程度高的国家和地区开展，可在当地雇用调研人员或委托当地的调研公司或机构完成具体项目；而在受教育程度低的国家和地区，企业开展调研要有充分的人员准备和适当的方法。

（4）对经销方式的影响。企业的产品目录、产品说明书的设计要考虑目标市场的受教育状况。如果经营商品的目标市场在文盲率很高的地区，那么说明书就不仅需要文字说明，更重要的是要配以简明的图形，并要派人进行产品使用、保养的现场演示，以避免消费者和企业的不必要损失。

4. 宗教信仰

宗教信仰对市场营销活动也有一定影响，特别是在一些信仰宗教的国家和地区，其影响更是不可低估。据统计，全世界信奉基督教的教徒有19亿人，信奉伊斯兰教的教徒有11亿人，印度教徒有7亿人，佛教徒有3.5亿人，泛灵论者有3亿人。教徒信教不一样，信仰和禁忌也不相同。这些信仰和禁忌限制了教徒的消费行为。某些国家和地区的宗教组织在教徒的购买决策中有重大影响。一种新产品出现后，宗教组织有时会提出限制和禁止使用，认为该商品与其宗教信仰相冲突。相反，有的新产品出现后会得到宗教组织的赞同和支持，它就会号召教徒购买、使用，起到了一种特殊的推广作用。因此，企业应充分了解不同地区、不同民族、不同消费者的宗教信仰，提供符合其要求的产品，制定符合其特点的营销策略。否则，就容易触犯宗教禁忌，失去市场机会。

5. 语言文字

语言文字是人类交流的工具，是文化的核心组成部分之一。不同国家、不同民族往往有自己独特的语言文字，即使是同一国家，也可能有多种不同的语言文字；即使语言文字相同，也可能表达和交流的方式不同。所以企业在进入一个新的市场时，必须考虑语言文字的运用。例如，美国知名品牌"Revlon"化妆品进入中国市场首战告捷，即与其品牌本土化策略休戚相关。李白诗云"云想衣裳花想容，春风拂槛露华浓"，美国公司采取拿来主义，将"Revlon"中国化为"露华浓"，将其与杨玉环的国色天香相提并论，中国女性对"露华浓"倍加青睐也就不足为奇了。一些企业由于其产品命名与产品销售地区的语言等相悖，给企业带来巨大的损失。例如，我国有一种汉语拼音叫"MaxiPuke"的扑克牌，在国内销路很好，但在英语国家不受欢迎。因为"MaxiPuke"译成英语就是"最大限度地呕吐"。此外，语言的差异有时在国内营销中也可能遇到麻烦。例如，美国一家销售"Pet Milk"（皮特牛奶）的公司，在国内说法语的地区推销时就遇到了麻烦，因为"Pet"在法语里有"放屁"的意思，"Pet Milk"自然也就难以有好的销路。可见，语言文字的差异对企业的营销活动影响很大。企业在开展市场营销时应尽量了解市场的文化背景，掌握其语言文字的差异，这样才能使营销活动顺利进行。

6. 审美观

审美观通常指人们对事物的好坏、美丑和善恶的评价。不同的国家、民族、宗教、阶层和个人往往因社会文化背景不同，其审美标准也不尽一致。例如，缅甸的巴洞人以妇女长脖为美，而非洲的一些民族则以文身为美等等。在欧美，妇女结婚时喜欢穿白色的婚礼服，因为她们认为白色象征着纯洁、美丽；在中国，妇女结婚时喜欢穿红色的婚礼服，因为红色象征吉祥如意、幸福美满。企业应针对不同的审美观所引起的不同消费需求，开展自己的营销活动，特别要把握不同文化背景下的消费者的审美观念及其变化趋势，制定相应的市场营销策略以适应市场需求的变化。人们在市场上挑选、购买商品的过程，实际上也是一种审美活动。近年来，我国人民的审美观念随着物质水平的提高，发生了明显的变化，表现出如下特征：

（1）追求健康美。体育用品和运动服装的需求量呈上升趋势。

（2）追求形式美。服装市场的异军突起，不仅美化了人们的生活，更重要的是迎合了消费者的求美心愿。在服装样式上，青年人追求强烈的时代感和不断更新的美感，由对称转为不对称，由灰暗色调转为鲜艳、明快、富有活力的色调。

（3）追求环境美。消费者对环境的美感体验，在购买活动中表现得最为明显。因此，企业营销人员应注意审美观的变化，把消费者对商场的评价作为重要的反馈信息，使商品的艺术功能与经营场所的美化效果融为一体，以更好地满足消费者的审美要求。

7. 风俗习惯

风俗习惯是人们根据自己的生活内容、生活方式和自然环境，在一定的社会物质生产条件下长期形成，并世代相袭而成的一种风尚以及由于重复、练习而巩固下来并变成需要的行动方式等的总称。它在饮食、服饰、居住、婚丧、信仰、节日和人际关系等方面，都表现出独特的心理特征、伦理道德、行为方式和生活习惯。不同的国家、不同的民族有不同的风俗习惯，对消费者的消费嗜好、消费模式和消费行为等具有重要的影响。

不同的国家、民族对图案、颜色、数字和动植物等都有不同的喜好和不同的使用习惯。例如，中东地区（以色列除外）严禁带六角形的包装；英国忌用大象、山羊做商品装潢图案等。再如，中国、日本、美国等国家对熊猫特别喜爱，但一些阿拉伯人对熊猫很反感；墨西哥人视黄花为死亡，红花为晦气，却喜爱白花，认为可驱邪；德国人忌用核桃，认为核桃是不祥之物；匈牙利人忌单数"13"；日本人忌荷花、梅花图案，也忌用绿色；港台商人忌送茉莉花和梅花，因为"茉莉"与"末利"同音，"梅花"与"霉花"同音。企业营销者应了解和注意不同国家、民族的消费习惯和爱好，做到"入境随俗"。可以说，这是企业做好市场营销的重要条件，如果不重视各个民族之间的文化和风俗习惯的差异，就可能造成难以挽回的损失。

（五）政治与法律环境

政治与法律是影响企业营销活动的重要的宏观环境因素。政治因素像一只无形之手，调节着企业营销活动的方向，法律则为企业规定商贸活动的行为准则。政治与法律相互联系，共同对企业的市场营销活动发挥影响和作用。

1. 政治环境因素

政治环境指企业市场营销活动的外部政治形势和状况以及国家方针政策的变化，对市场营销活动带来的或可能带来的影响。

（1）政治体制。政治体制指国家政权的组织形式及其有关制度，它包括国家结构、政治组织形式、政党体制及相关的制度体系。不同的国家结构、政治组织形式等，决定了不同的国家管理方式。在中央集权制国家，各地方必须绝对服从中央政府的领导，全国有统一的宪法、法令，各种贸易法规、商业政策较为统一，对于市场营销策略的制定较易把握。在复合制国家里，各种法规、政策琐碎、繁多，各地方之间也有很大差异，具有较大的易变性和不可控性，这在一定程度上增加了营销的难度。

（2）政治局势。政治局势指企业营销所处的国家或地区的政治稳定状况。一个国家的政局稳定与否会给企业营销活动带来重大的影响。如果政局稳定、生产发展、人民安居乐业，就会给企业带来良好的营销环境。相反，政局不稳、社会矛盾尖锐、秩序混乱，不仅会影响经济发展和人民的购买力，而且会对企业的营销心理产生重大影响。战争、暴乱、罢工、政权更替等政治事件都可能会对企业的营销活动产生不利影响，能迅速改变企业环境。因此，社会是否安定对企业的市场营销影响极大，特别是在对外营销活动中，企业一定要考虑东道国政局变动和社会稳定情况可能造成的影响。

（3）方针政策。政府出于宏观经济发展的需要，经常要制定年度计划、五年计划甚至更长期的发展规划。为了保证各类计划的完成，还得有一系列的产业结构政策、价格政策、财政政策和货币政策等政府的方针政策，这些都会对企业营销产生直接或间接的重要影响。例如对香烟、酒等课以较重的税收来抑制消费者的消费需求。这些政策必然会影响社会购买力，影响市场需求，从而间接影响烟酒企业的营销活动。

（4）国际关系。这是国家之间的政治、经济、文化和军事等关系。发展国家间的经济合作和贸易关系是人类社会发展的必然趋势。企业在其生产经营过程中，都或多或少地与其他国家发生往来，开展国际营销的企业更是如此。因此，国家间的关系也就必然会影响企业的营销活动。例如，中美两国之间的贸易关系就经常受到两国外交关系的影响，美国经常攻击中国的人权状况，贸易上也常常采取一些歧视性政策。例如，搞配额限制、所谓的"反倾销"等，阻止中国产品进入美国市场，这对中国企业在美国市场的营销活动是极为不利的。

（5）公众团体。指为了维护社会成员的利益而组织起来的各种公众团体，旨在影响立法、政策和舆论。随着社会进步，像动物保护协会、绿色和平组织等这样的公众团体不仅越来越多，而且在社会经济生活中的地位越来越重要。这些公众团体的活动，也会对企业营销活动产生一定的压力和影响。

2. 法律环境因素

对企业来说，法律是评判企业营销活动的准则，只有依法进行的各种营销活动才能受到国家法律的有效保护。因此，企业开展市场营销活动，必须了解并遵守国家或政府颁布的有关经营、贸易、投资等方面的法律、法规。如果从事国际营销活动，企业就要既遵守本国的法律制度，还要了解和遵守市场国的法律制度和有关的国际法规、国际惯例和准则。例如，一些国家对外国企业进入本国经营设定各种限制条件。日本政府曾规定，任何外国公司进入日本市场，必须要找一个日本公司同它合伙。除上述特殊限制外，各国法律对营销组合的各种要素，往往有不同的规定。例如，产品由于其物理和化学特性事关消费者的安全，因此，各国法律对产品的纯度、安全性能有详细甚至苛刻的规定，目的在于保护本国民族的生产者而非消费者。美国曾以安全为由，限制欧洲汽车制造商在美国销售汽车，以致欧洲汽车制造商不得不专门修改其产品，以符合美国法律的要求；英国也曾借口法国牛奶计量单位采用的是公制而非英制，将法国牛奶逐出本国市场；而德国则以噪音标准为由，将英国的割草机逐出德国市场。越来越多的特殊法规，是企业特别是进行国际营销的企业所必须了解和遵循的。

（六）科技环境

科学技术是社会生产力最活跃的因素，科技环境不仅直接影响企业内部的生产和经营，还同时与其他环境因素相互依赖、相互作用，特别与经济环境、文化环境的关系更紧密，尤其是新技术革命，既给企业市场营销创造了机会，又带来了威胁。企业的机会在于寻找或利用新的技术，满足新的需求，而它面临的威胁则可能有两个方面：一方面，新技术的突然出现，使企业现有产品变得陈旧；另一方面，新技术改变了企业人员原有的价值观。例如，电视机出现后，对收音机制造业是个威胁，对电影院的冲击则更为明显。电脑出现后，对电视机制造业也带来了巨大影响。

二、微观营销环境分析

市场营销的微观环境是指那些对市场营销直接起影响与制约作用的环境因素。市场营销的微观环境对企业的影响虽然不像宏观环境那样全面和广泛，但它的影响更为迅速和直接。在一定范围内，全部企业的宏观营销环境是相同的，而微观营销环境则是不完全相同的。市场营销的微观环境主要包括企业、供应商、营销中介、顾客、公众和竞争对手。

（一）企业

企业本身包括市场营销管理部门、其他职能部门和最高管理层。营销部门在制定和执行市场营销计划时，首先要考虑最高管理层的意图，必须获得企业最高管理层的批准和支持。其次，营销部门要考虑其他业务部门的情况。例如，要了解生产部门、采购部门、研究与开发部门和财务部门等的情况，并与之密切分工协作，共同研究制定年度和长期计划。

（二）供应商

供应商是向企业提供生产产品和服务所需资源的企业或个人。

1. 供应商对企业营销活动的影响

企业要从事生产和经营活动，没有原材料、资金、能源、人力和设备等资源的输入是无法正常运转的，所以供应商是微观营销环境的重要因素。供应商对企业营销活动的影响主要体现在以下几个方面：

（1）供货的及时性和稳定性。在现代市场经济中，市场需求千变万化且变化迅速，企业必须针对瞬息万变的市场及时调整计划，而这一调整又需要供应商及时地提供相应的生产资料。企业为了能在时间上和连续性上保证得到适当的货源，就应该和供应商保持良好的关系。

（2）供货的质量水平。任何企业生产的产品的质量，除了严格的管理以外，也与供应商供应的生产资料本身的质量好坏有密切的联系。当然，供货的质量还包括各种服务，尤其是一些机器设备的供应。

（3）供货的价格水平。供货的价格直接影响产品的成本，并最终会影响到产品在市场上的竞争能力。企业在营销中应密切关注供货价格变动的趋势，特别要密切关注构成产品重要部分的原材料和零部件的变化，使企业应变自如，不至于措手不及。

2. 企业对供应商的协调

（1）树立双赢观念。现代社会经济交往的主要原则是"双赢原则"，即通过互惠互利的交往，使交易双方均成为胜利者。企业和供应商之间既有竞争，又有合作，更应注意建立长期、稳定的伙伴关系和供应链，使外部交易成本下降，避免两败俱伤。

（2）加强双向信息沟通。处理与供应商关系的重要手段是加强信息沟通。企业应及时将自身经营状况、产品调整情况、企业对供应货物的要求（价格、供货期限和质量要求等）告诉供应商，以便协调双方立场。

（3）对供应商进行分类管理。根据供应商供应货物的重要程度、稀缺程度、供应量大小等标准划分不同等级，以便重点协调，兼顾一般。

（4）使供应商多样化。企业过分依赖一个或几个供应商，会导致供应商任何的细微变化都会过分影响企业的正常经营运作，也会增强供应商的砍价能力。因此，企业应使供应商多样化，使企业始终处在一个有利的位置。当然，在确定这一原则时还必须与一些主要供应商保持良好关系，处理好多样化和特殊性的关系。

（三）营销中介

营销中介是指协助企业促销和分销其产品给最终购买者的机构或公司，包括中间商、实体分配公司（如仓储运输公司）、营销服务机构（如广告公司、咨询公司）和财务中介机构等。它们都是市场营销所不可缺少的中间环节，没有这些部门的密切配合，企业的营销活动就会困难重重。例如，生产集中和消费分散的矛盾，须通过中间商的分销解决；资金周转困难时，则须借助于银行等财务中介机构。市场经济越发达，社会分工越细，则这些中介机构的作用越大。中介机构凭借网点分布广泛、经济实力强和办事效率高的优势，能为企业提供良好的市场营销环境。否则，将影响企业的营销活动。

（四）顾客

顾客在这里是指企业的目标市场，即企业服务的对象。按顾客的需求和购买目的的不同，可将市场分为五种类型：①消费者市场，即为了个人消费而购买的个人和家庭所构成的市场；②生产者市场，即为了生产、取得利润而购买的个人和企业所构成的市场；③中间商市场，即为了转卖、取得利润而购买的批发商和零售商所构成的市场；④政府市场，即为了履行职责而购买的政府机构所构成的市场；⑤国际市场，即由国外的消费者、生产者、中间商、政府机构等所构成的市场。

顾客在这里不仅指生活资料消费者，也包括生产资料消费者；既包括物质产品的消费者，也包括精神产品的消费者；不仅指个体消费者，也包括集体消费者。对于一个企业而言，顾客就是营销活动的目标市场，其影响程度远超过供应商和营销中介，因为失去了顾客就意味着失去了市场，赢得了顾客就赢得了市场。

（五）公众

公众是指对企业实现营销目标的能力有实际或潜在利害关系和影响力的团体或个人。企业所面临的公众主要有以下七种：①融资公众：是指影响企业融资能力的金融机构。②媒介公众：主要是指报纸、杂志、广播电台和电视台等大众传播媒介。③政府公众：是指负责管理企业营销业务的有关政府机构。政府是企业营销的另一个重要环境因素。政府之所以重要，一言以蔽之，就是因为它是拥有权力的公众，是综合协调、宏观调节的权力机构。④社团公众：包括保护消费者权益的组织、环保组织及其他群众团体等。⑤社区公众：是指企业所在地邻近的居民和社区组织。⑥一般公众：是指上述各种关系公众之外的社会公众。⑦内部公众：是指企业的员工，包括高层管理人员和一般职工。

（六）竞争对手

企业的营销系统总是被一群竞争者包围和影响着，只有识别和战胜竞争对手，才能在顾客心目中强有力地确定其所提供产品的地位，以获取战略优势。从顾客做出购买决策的角度分析，企业在市场上所面对的竞争者，大体上可分为以下四种类型：①愿望竞争者：是指提供不同产品以满足不同需求的竞争者。②属类竞争者：是指提供不同产品以满足同一种需求的竞争者。③产品形式竞争者：是指满足同一需要的产品的各种形式间的竞争。④品牌竞争者：是指满足同一需要的同种形式产品的不同品牌之间的竞争。

在健全的市场环境中，一个企业不可能长期垄断一个市场。因而，竞争对手的营销策略及营销活动（例如价格、广告宣传和促销手段变化等）都将直接对企业造成威胁。为此，企业不能放松对竞争对手的观察，要根据对手的情况及时做出相应的对策。

三、SWOT 分析法

由于营销环境对企业营销工作会产生一系列的影响，所以企业必须对营销环境进行分析，按照环境所提供的条件、要求及其发展变化的趋势来制定营销战略。对营销环境分析的方法很多，这里主要介绍企业内外环境对照法，即 SWOT 分析法。

企业内外情况是相互联系的，将外部环境所提供的有利条件（机会）和不利条件（威胁）与企业内部条件形成的优势与劣势结合起来分析，有利于制定出正确的经营战略，如图 1-1 所示。

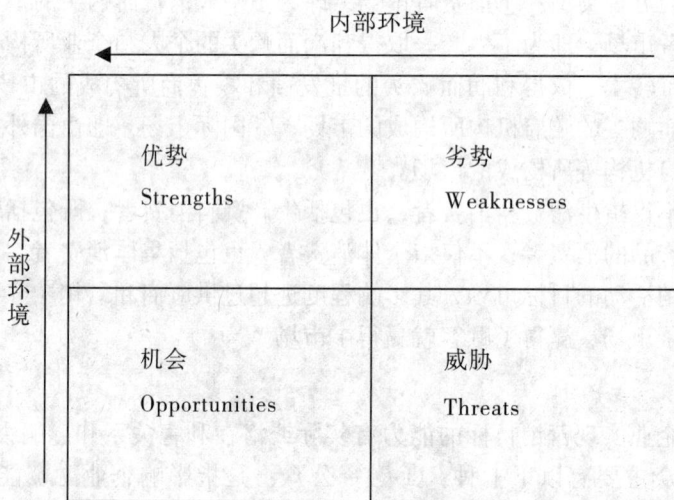

内部环境

优势 Strengths	劣势 Weaknesses
机会 Opportunities	威胁 Threats

外部环境

图 1-1　SWOT 方格分析法

SWOT 方格分析法是取"优势（Strengths）"、"劣势（Weaknesses）"、"机会（Opportunities）"、"威胁（Threats）"的第一个字母构成的。SWOT 方格分析法形成了四种可以选择的战略：①SO 战略：利用企业内部的长处去抓住外部机会；②WO 战略：利用外部机会来改进企业内部弱点；③ST 战略：利用企业的长处去避免或减少外来的威胁；④WT 战略：直接克服内部弱点和避免外来的威胁。

📁案例分析

案例 1-3

非典型肺炎冲击波

2003 年的"非典"，对中国和世界人民来说，都是一场灾难，也是一场严峻的考验。面对这样的突发事件，诸多企业又是如何表现的呢？2003 年 2 月 11 日，广州市政府组织新闻发布会通报了广东省的疫情情况。与此同时，政府和专家给出了一些预防病毒感染的建议措施，其中勤洗手是关键的措施之一。莱曼赫斯公司立即对这一信息做出反应，迅速挖掘市场，在《广州日报》头版推出平面广告"预防流行性疾病，用威露士消毒药水"，随后又在《南方都市报》等媒体上连续推出通栏广告。在迅速扩大了品牌知名度之后，威露士开始利用事件建立品牌美誉度。通过新闻媒介《南方都市报》向社会各界，包括学校、机关等人群密集地区无偿派送"威露士"消毒产品总计 37 吨，价值 100 万元。结合事件中与企业相关的市场诉求点进行企业的产品宣传，同时又使得公司一贯秉承的"关心大众，无私奉献"的企业精神在这次事件营销中得到了很好的诠释。莱曼赫斯公司在这次突发事件中展现了企业深厚的营销功力。事实上，本次事件使威露士品牌形象得到了迅速提升，在许多消费者心目中确立了消毒水第一品牌的位置。

"非典"期间，政府和专家还给出了一些预防病毒感染的建议措施，这些建议包括：可用食用醋熏蒸消毒空气。随即，抢购白醋进入高潮。到 2 月 11 日止，江苏镇江恒顺醋业向广州等地区发货量已达千吨以上，收到货款上百万元。到 2 月 14 日，其累计发货量已达 10 多万箱。而与此同时，赫赫有名的山西老陈醋的发货量只有 2 万箱。在非典型肺炎这样的突发事件面前，恒顺醋业显示了其快速反应的优势。这种优势的取得，一方面与其销售网络直接相关，另一方面也离不开其生产及运作上的快速反应能力，大批量的食醋在极短的时间内生产出来并及时运达广东。到 2003 年 6 月初，在党和政府及全国各界的共同努力下，"非典"疫情得到了有效控制，企业界逐渐把认识外部环境变化、寻求挽回损失、继续发展重新提上首要的议事日程。不可否认，"非典"给中国经济带来了较为广泛的影响，但不可能从根本上改变中国的增长模式，中国经济增长的基本面因素依然强劲。因此，如果把危机解读为"危险中的机会"，则"非典"事件可能是一次行业重新洗牌的机会。"后非典时期"的市场机遇将进一步考验企业的营销智慧。

（资料来源：http：//mcox．book118．com/html/2012/0603/2062937．shtm）

讨论题

1. 莱曼赫斯公司和恒顺醋业两个案例，可以给企业什么启示？
2. 试以威露士为例，对"后非典时期"的外部环境变化趋势进行分析。

技能训练

用 SWOT 分析法进行自我分析——"定位人生"。

问题：

1. 你的奋斗目标是什么？
2. 你的优点、缺点？你对未来有什么规划？
3. 目前市场营销专业面临的机会、威胁有哪些？
4. 制定你的发展计划。

🐣**任务探究**

1. 选择某个企业的某款产品，运用 SWOT 理论对它的营销环境进行营销前景分析。

2. 人口因素在市场营销环境中的重要性体现在哪里？

任务三　购买行为分析

📑**任务描述**

在对模拟公司的营销环境分析之后，就可以对购买者的行为进行分析。一般来说，购买者分为消费者和生产者两类，其行为各有特点。本环节通过消费者购买行为类型小品表演加深同学们对"消费者购买行为类型及相关知识"的认识和理解，学会简单的门市营销技能，同时让同学们在愉悦中学会沟通、合作及创新，全面提高综合素质，为将来成为高素质的职业人才打下坚实的基础。

📖**任务实施**

步骤 1：对模拟公司的消费者购买行为进行分析，分析影响消费者购买行为的因素有哪些、消费者的决策过程包括哪些阶段、消费者购买行为的特点是什么。

_____

步骤 2：对模拟公司的生产者购买行为进行分析，分析生产者购买行为的特点、影响生产者购买行为的主要因素、生产者购买类型和购买过程。

_____

步骤 3：对消费者行为及生产者行为进行比较，然后完成表 1 – 5。

表1-5 消费者行为及生产者行为比较表

项目	定义	特征	类型
消费者购买行为			
生产者购买行为			

步骤4：准备背景资料，模拟公司门市部的售货员每天均要接待各种类型的顾客。X售货员是营销高手，对顾客心理了如指掌，销售成功；Y售货员是新手，对顾客心理一无所知，销售失败。

_____

_____

步骤5：角色分配，主持人（负责开场及一些必要的旁白）、X售货员、Y售货员、不同类型的顾客。

_____

_____

步骤6：教师及各小组互评。

_____

_____

附：评分标准

1. 活动准备（40%）

● 脚本内容（10%）：熟悉书本理论知识，并能熟练运用到脚本设计中。

● 角色分工（20%）：分工合理，重点突出，配合默契。

● 物品准备（10%）：实物或课件准备充分，表达效果良好。

2. 现场推介（60%）

● 角色表演（20%）：穿戴整齐，声音响亮，脸带微笑，眼神与顾客有交流，表演到位。

● 熟练程度（20%）：对脚本熟悉，对角色理解到位。

● 团体精神（20%）：全组认真参与，对模拟公司及推销品熟悉，相互配合默契。

3. 综合成绩（100%）

● 学生评委评分（40%）

● 教师评委评分（60%）

A：90分以上；B：80~89分；C：70~79分；D：60~69分；E：60分以下。

附评分表（表1-6）如下：

表1-6　"消费者购买行为"小品表演成绩评分表

模拟公司名称	活动准备（40%）			现场推介（60%）			合计
	脚本内容（10%）	角色分工（20%）	物品准备（10%）	角色表演（20%）	熟练程度（20%）	团体精神（20%）	

📁 理论加油站

一、消费者购买行为

（一）消费者购买行为的定义

消费者购买行为是指人们为了满足个人、家庭的生活需要或者企业为了满足生产的需要，购买喜爱的产品或服务时所表现出来的各种行为，从而发生的购买商品的决策过程。

消费者购买行为是复杂的，其购买行为的产生是受到其内在因素和外在因素的相互促进、交互影响的。

企业营销通过对消费者购买行为的研究，来掌握其购买行为的规律，从而制定有效的市场营销策略，实现企业营销目标。

（二）消费者购买行为的特征

企业要在市场竞争中能够适应市场、驾驭市场，就必须掌握消费者购买的基本特征。

1. 购买者多而分散

消费购买涉及每一个人和每个家庭，购买者多而分散。因此，消费者市场是一个人数众多、幅员广阔的市场。由于消费者所处的地理位置各不相同，闲暇时间不一致，所以造成购买地点和购买时间的分散性。

2. 购买量少，多次购买

消费者购买是以个人和家庭为购买和消费单位的，由于受到消费人数、需求量、购买力、储藏地点和商品保质期等诸多因素的影响，消费者为了保证自身的消费需要，往往购买批量小、批次多，购买频繁。

3. 购买的差异性大

消费者购买因受年龄、性别、职业、收入、文化程度、民族和宗教等影响，其需求有很大的差异性，对商品的要求也各不相同，而且随着社会经济的发展，消费者的消费习惯、消费观念、消费心理不断发生变化，从而导致消费者购买差异性大。

4. 大多属于非专家购买

绝大多数消费者购买缺乏相应的专业知识、价格知识和市场知识，尤其是对某些技术性较强、操作比较复杂的商品，更显得知识缺乏。在多数情况下，消费者购买时往往受感情的影响较大。因此，消费者很容易受广告宣传、商品包装、装潢以及其他促销方式的影响，产生购买冲动。

5. 购买的流动性大

消费者购买必然慎重选择，加之在市场经济比较发达的今天，人口在地区间的流动性较大，因而导致消费者购买的流动性很大，消费者购买经常在不同产品、不同地区及不同企业之间流动。

6. 购买有一定的周期性

有些商品消费者需要常年购买、均衡消费，如主食、副食、牛奶、蔬菜等生活必需商品；有些商品消费者需要季节购买或节日购买，如一些时令服装、节日消费品；有些商品消费者需要等商品的使用价值基本消费完毕后才重新购买，如电话机与家用电器。这就表明，消费者购买有一定的周期性可循。

7. 购买有时代特征

消费者购买常常受到时代精神、社会风俗习惯的引导，从而使人们对消费购买产生一些新的需要。如 APEC 会议以后，唐装成为时代的风尚，随之流行起来；又如社会对知识的重视，对人才的需求量增加，从而使人们对书籍、文化用品的需要明显增加。这些都显示出消费购买的时代特征。

8. 购买具有发展性特点

随着社会的发展和人民消费水平、生活质量的提高，消费需求也在不断向前推进。过去只要能买到商品就行了，现在追求名牌；过去不敢问津的高档商品如汽车等，现在有人消费了；过去自己承担的劳务，现在由劳务从业人员承担了等等。这种新的需求不断产生，而且是永无止境的，使消费者购买具有发展性特点。

认清消费者购买特点的意义是十分重大的，它有助于企业根据消费者购买特征来制定营销策略，规划企业经营活动，为市场提供消费者满意的商品或劳务，更好地开展市场营销活动。

（三）消费者购买行为的类型

消费者购买决策随着购买行为类型的不同而变化。较为复杂和花钱多的决策往往凝结着购买者的反复权衡和众多人的参与决策。

消费者购买行为的分类标准比较多，科特勒（Kotler）根据阿萨尔（Assael）1978 年的研究，区分了在不同介入度水平和对品牌间差异不同认知的共同影响下的四种类型的消费者购买行为，如表 1-7。

表 1-7　不同类型的消费者购买行为表

介入程度品牌差异	高度介入	低度介入
品牌差异大	复杂型购买行为	多变型购买行为
品牌差异小	和谐型购买行为	习惯性购买行为

1. 复杂型购买行为

复杂型购买行为是指品牌差异大、消费者介入程度高的购买行为。当消费者初次选购价格昂贵、购买次数较少、冒风险和高度自我表现的商品时，则属于高度介入购买。由于对这些产品的性能缺乏了解，为慎重起见，他们往往需要广泛地收集有关信息，并经过认真地学习，产生对这一产品的信念，形成对品牌的态度，才慎重地做出购买决策。

对于这种类型的购买行为，企业应设法帮助消费者了解与该产品有关的知识，并让他们了解和确信该产品在比较重要的性能方面的特征及优势，使他们建立对本产品的信任感。这期间，企业要特别注意针对购买决定者做介绍该产品特性的多种形式的广告。

2. 和谐型购买行为

和谐型购买行为是指品牌差异小、消费者介入程度高的购买行为。消费者在购买一些品牌差异不大，但价格高的商品时，虽然他们对购买行为持谨慎的态度，但他们的注意力更多的是集中在品牌价格是否优惠，购买时间、地点是否便利上，而不是花很多精力去收集不同品牌间的信息并进行比较，而且从产生购买动机到决定购买之间的时间较短。因而这种购买行为容易产生购后的不协调感，即消费者购买某一产品后，或因产品自身的某些方面不称心，或得到了其他产品更好的信息，从而产生不该购买这一产品的后悔心理或心理不平衡。为了改变这样的心理，追求心理的平衡，消费者广泛地收集各种对已购产品的有利信息，以证明自己购买决定的正确性。为此，企业应通过调整价格和售货网点的选择，并向消费者提供有利的信息，帮助消费者消除不平衡心理，坚定其对所购产品的信心。

3. 多变型购买行为

多变型购买行为又叫作"寻求多样化购买行为"，是指品牌差异大、消费者介入程度低的购买行为。如果消费者购买的商品品牌差异大，但价格低，可供选择的品牌又很多时，他们并不花太多的时间选择品牌，专注于某一产品，而是经常变换品种。比如购买饼干，他们上次买的是巧克力夹心，而这次想购买奶油夹心。这种品种的更换并非是对上次购买的饼干不满意，而是想换换口味。

面对这种广泛选择的购买行为，当企业处于市场优势地位时，应注意以充足的货源占据货架的有利位置，并通过提醒性的广告促成消费者建立习惯性购买行为；而当企业处于非市场优势地位时，则应以降低产品价格、免费试用、介绍新产品的独特优势等方式，鼓励消费者进行多种品种的选择和新产品的试用。

4. 习惯性购买行为

习惯性购买行为是指品牌差异小、消费者介入程度低的购买行为。消费者有时购买某一商品，并不是因为特别偏爱某一品牌，而是出于习惯。比如醋，这是一种价格低廉、品牌间差异不大的商品，消费者在购买它时，大多不会关心品牌，而是靠多次购买和多次使用而形成的习惯去选定某一品牌。

针对这种购买行为，企业要特别注意给消费者留下深刻印象，企业的广告要强调本产品的主要特点，要以鲜明的视觉标志、巧妙的形象构思赢得消费者对本企业产品的青睐。因此，企业的广告要加强重复性，以加深消费者对产品的熟悉程度。

（四）影响消费者购买行为的内在因素

影响消费者购买行为的内在因素很多，主要有消费者的个体因素与心理因素。购买者的年龄、性别、经济收入和教育程度等因素会在很大程度上影响着消费者的购买行为。这部分内容在此不做过多论述。下面主要分析影响消费者购买的心理因素。

消费者心理是消费者在满足需要活动中的思想意识，它支配着消费者的购买行为。影响消费者购买的心理因素有动机、感受、态度和学习。

在此仅举动机一例以示说明。需要引起动机，需要是人们对于某种事物的要求或欲望。就消费者而言，需要表现为获取各种物质需要和精神需要。

美国人本主义心理学家马斯洛（Abraham H. Maslow）将人类需要按由低级到高级的顺序分成五个层次或五种基本类型。如图1-2所示：

生理需要（Physiological Need）。即维持个体生存和人类繁衍而产生的需要，如对食物、氧气、水、睡眠等的需要。

安全需要（Safety Need）。即在生理及心理方面免受伤害，获得保护、照顾和安全感的需要，如要求人身的健康，安全、有序的环境，稳定的职业和有保障的生活等。

归属和爱的需要（Belonging and Love Need）。即希望给予或接受他人的友谊、关怀和爱护，得到某些群体的承认、接纳和重视的需要。如乐于结识朋友，交流情感，表达和接受爱情，融入某些社会团体并参加他们的活动等等。

尊重的需要（Esteem Need）。即希望获得荣誉，受到尊重和尊敬，博得好评，得到一定的社会地位的需要。尊重的需要是与个人的荣辱感紧密联系在一起的，它涉及独立、自信、自由、地位、名誉和被人尊重等多方面内容。

自我实现的需要（Self-actualization Need）。即希望充分发挥自己的潜能，实现自己的理想和抱负的需要。自我实现是人类最高级的需要，它涉及求知、审美、创造和成就等内容。

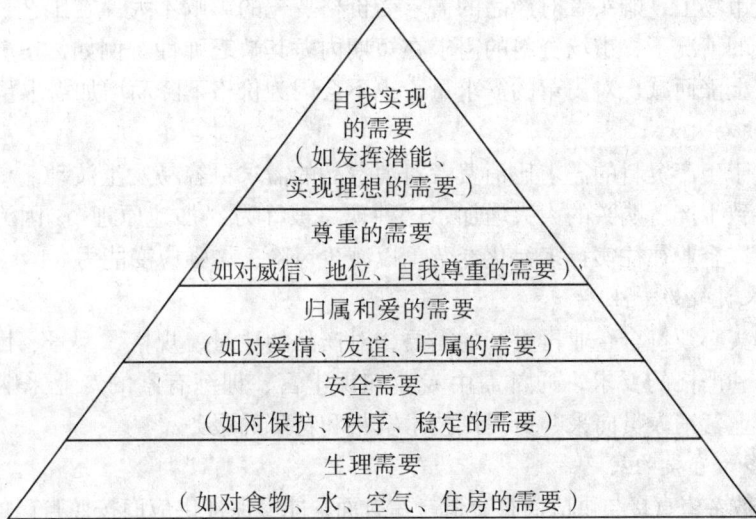

图1-2 人类需要"金字塔"

二、生产者购买行为

（一）生产者购买行为的定义

生产者购买行为是指一切购买产品或服务，并将之用于生产其他产品或服务，以供销售、出租或供应给他人消费的一种决策过程。

生产者购买行为分析是提供生产资料产品企业营销的研究重点。只有了解了生产者购买行为的特点，掌握生产者购买行为的规律性，才能制定相适应的市场营销组合策略，在满足生产者需求的同时，实现企业自身的营销目标。

（二）生产者购买行为的特征

生产者购买的目的是为了进行再生产并取得利润。因此，生产者购买与消费者购买有很大的差别。生产者购买具有以下特征：

1. 购买者数量少，购买规模大

在生产者市场上，购买者是企业单位，其数量必然比消费者市场小得多，但每个购买者的购买量都较大。在现代经济条件下，许多行业的生产集中在少数大公司，所需原料、设备的采购也就相对集中。买者有限，但购买数量相当大。

2. 购买者区域相对集中

购买者区域相对集中是由产业布局的区域结构决定的。由于历史和地域资源的原因，产业布局结构各不相同。如在我国，东北是重工业所在地，华东是纺织、电子和机械加工工业发达地区。产业布局形成了生产者购买较为集中的目标市场。

3. 需求受消费品市场的影响

企业对生产资料的需求，常常取决于消费品市场对其的需求。这被称为"衍生需求"，就是生产者购买需求，归根结底是从消费者对消费品的需求中衍生出来的。

4. 需求缺乏弹性

在生产者市场上，购买者对产品的需求受价格变化的影响不大。在工艺、设备和产品结构相对稳定的情况下，市场资料的需求在短期内尤其缺乏弹性。例如，皮鞋制造商既不会因皮革价格上涨而减少对皮革的需求量，也不会因为价格下降而增加需求量。

5. 需求波动太大

生产者对于生产资料的需求比消费者对消费品的需求更容易发生波动。消费者需求的少量增加能导致生产者购买的大大增加，这种现象被称为"加速原理"。因为生产者购买变化很大，所以企业往往实行多元化经营，以减少风险，增强应变能力。

6. 购买人员较为专业

生产者购买必须符合企业再生产的需要，对产品的质量、规格、型号、性能等方面都有系统的计划和严格的要求，通常需由专业知识丰富、训练有素的专业采购人员负责采购。这要求企业营销人员向采购员提供技术资料和特殊的服务。

7. 购买多为直接购买

购买者多数希望直接与供应商打交道。一方面，能够保证供应商按照自己的要求提供产品；另一方面又能与供应商保持密切关系，保证在交货期和技术规格上符合自己的需求。

8. 特殊购买方式——租赁

许多生产者是以租赁的方式取得设备的。这种方式一般适用于价值较高的机器设备、交通工具等。租赁已成为近年来生产者获得生产资料，特别是生产设备的一种重要形式。租赁的形式主要有服务性租赁、金融租赁、综合租赁、杠杆租赁、供货者租赁和卖主租赁等形式。

（三）生产者购买行为的类型

1. 直接重购

直接重购是指企业采购部门为了满足生产活动的需要，按惯例进行订货的购买行为。

企业采购部门根据过去和供应商打交道的经验，从供应商名单中选择供货企业，并连续订购采购过的同类产品。这是最简单的采购。生产者购买行为是惯例化的。

企业营销要保证稳定的产品质量，努力维护与客户的良好关系，以保持现有客户。

2. 修正重购

修正重购是指企业的采购人员为了更好地完成采购任务，适当改变采购产品的规格、价格和供应商的购买行为。

这类购买情况较复杂，参与购买决策过程的人数较多。企业营销必须做好市场调查和预测工作，努力开发新的品种规格，并努力提高生产效率，降低成本，满足修正重购的需要，设法保护自己的既得市场。

3. 全新采购

全新采购是指企业为了增加新的生产项目或更新设备而第一次采购某一产品或服务的购买行为。

新购买产品的成本越高、风险越大，决策参与者的数目就越多，需收集的信息也就越多，完成决策所需的时间也就越长。

这种采购类型对企业营销来说是一种最大的挑战，同时也是最好的机会。全新采购的生产者对供应商尚无明确选择，是企业营销应该大力争取的市场。

（四）生产者购买的参与者

生产者购买要比消费者购买复杂得多。通常涉及以下成员：

（1）使用者。实际使用欲购买的某种产品的人员。使用者往往首先提出购买某种所需产品的建议，并提出购买产品的品种、规格和数量。

（2）影响者。企业内部和外部直接或间接影响购买决策的人员。他们通常协助决策者决定购买产品的品牌、品种、规格。企业技术人员是最主要的影响者。

（3）采购者。企业中组织采购工作的专业人员。在较为复杂的采购工作中，采购者还包括那些参与谈判的公司管理人员。

（4）决定者。企业中拥有购买决定权的人。在标准品的例行采购中采购者常常是决定者；而在较复杂的采购中，企业领导人常常是决定者。

（5）信息控制者。企业外部和内部能控制市场信息流到决定者和使用者那里的人员，如企业的采购代理商、技术人员和秘书等。

企业营销必须了解生产者购买的具体参与者，尤其是主要的决策者，以便采取适当措施，影响有影响力的重要人物。

（五）影响生产者购买决策的主要因素

（1）环境因素。企业外部环境因素，包括政治、法律、文化、技术、经济和自然环境等。

（2）组织因素。企业本身的因素。如企业的目标、政策、业务程序、组织结构和制度等，都会影响生产者的购买决策。

（3）人际因素。主要指企业内部的人际关系。生产者购买决策过程比较复杂，参与决策的人员较多，这些参与者在企业中的地位、职权、说服力以及他们之间的关系都会影响他们的购买决策。

（4）个人因素。每个参与购买决策的人，在决策过程中都会掺入个人感情，从而影响参与者对要采购的产品和供应商的看法，进而影响购买决策。

如图 1 - 3 所示：

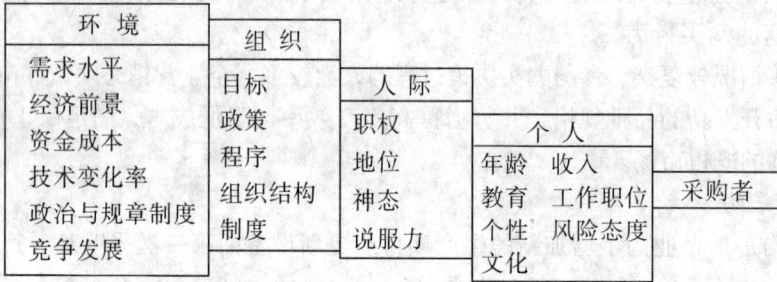

图 1 - 3 影响生产者购买决策的因素

（六）生产者购买决策的主要阶段

由于生产者购买类型不同，购买决策过程也有所不同。直接重购的决策阶段最短；修正重购的决策阶段长些；全新采购的决策阶段最长，要经过八个阶段。

（1）认识需要。认识需要是由两种刺激引起的：①内部需要；②外部刺激。

（2）确定需要。对标准品按要求采购；对复杂品，采购人员要和使用者、工程师共同研究确定。

（3）说明需要。专家小组对所需品种进行价值分析，做出详细的技术说明。目的是以最少的资源耗费，生产出或取得最大功能，以取得最大的经济效益。价值分析公式：

$$V = F/C$$

其中，V 为价值；F 为功能（指产品的用途、效用和作用）；C 为成本。

企业通过价值分析，在生产性能、质量、价格之间进行综合评价，有利于选择最佳的采购方案。

（4）物色供应商。全新采购需要花较多时间去物色供应商。采购人员通常利用工商名录或其他资料查询供应商，也可向其他企业了解供应商的信誉。

（5）征求建议。邀请供应商提出建议或提出报价单。如果采购复杂的、价值高的产品，可要求每个潜在的供应商都提交详细的书面建议或报价单。

（6）选择供应商。对供应商提出评价和选择建议，选择最具吸引力的供应商。通常从主要供应商处采购所需要的 60%，另外 40% 则分散给其他供应商。

（7）正式订货。通过商务谈判达成协议，给选定的供应商发出最后采购订单，写明所需产品的规格、数量、交货时间、退款政策、担保条款和保修条件等。在商务活动中，对信誉可靠的保修产品，企业往往愿意订立"一揽子合同"（又叫"无库存采购计划"），和该供应商建立长期供货关系。

（8）检查合同履行情况。向使用者征求意见，了解他们对购进产品是否满意，检查和评价各个供应商履行合同的情况，然后根据检查和评价，决定以后是否继续向某个供应商采购。

📂 案例分析

案例 1 – 4

一个周六的上午 10：30 左右，在某车行，来了三位顾客，一位看上去很精明的老太太（婆婆），一位憨厚的男青年（儿子），还有一位时尚的女青年（未婚女友）。进店后，老太太没有明确目标地四处看看，而女青年则直奔跑车，男青年则看六人座的商务车。

讨论题

请同学们根据该情景进行角色扮演，并分析该案例中的以下角色。

购买者（注意判断谁是最终决策者）：

购买对象：

购买目的：

购买组织：

购买方式：

购买时间：

购买地点：

✖ 技能训练

1. 到当地经营水泥或钢材产品的企业调查，了解影响生产资料购买行为的主要因素和生产资料购买决策的参与者。

2. 观察你身边的人在购买便利品、选购品和耐用消耗品时的购买决策过程，分析他们分别属于哪种类型的消费者。

🗒 任务探究

1. 对照马斯洛需要层次论，判断自己是属于其中哪个层次的。

2. 你自己的购买行为有哪些特点？

任务四　市场调查研究

📖任务描述

在对购买者行为进行分析之后，在制定营销方案之前有一个很重要的任务就是市场调查与预测。本环节要求同学们在模拟公司的运作下，开展市场调查、撰写调查报告，对销售前景进行预测。在实践活动中学会观察社会，培养与人沟通的能力，培养发现问题、解决问题的能力。在协作和沟通中学习和成长，培养爱岗敬业的职业情感，深化市场营销调研和预测的相关理论知识。

📖任务实施

步骤1：根据模拟公司的经营需要，确定市场调查的主题。
_____

步骤2：根据市场调查主题设计一份调查问卷。
_____

步骤3：组织模拟公司在校内外开展调查（不少于30份问卷）。
_____

步骤4：梳理统计问卷结果，撰写调查报告（包括数据统计图表和文字说明）。
_____

步骤5：通过市场调查分析，对市场前景进行预测。
_____
_____

附：评分标准

1. 调查表的设计（40%）

- 调查表主题明确，格式完整、规范（10%）。
- 问卷正文的问题设计合理，文字流畅，技巧性强（20%）。
- 调查表排版美观，印刷清晰（10%）。

2. 市场调查过程（20%）

- 调查过程真实，被调查人类型广泛，调查地点布局合理。

3. 市场调查报告（40%）

- 数据统计图表合理、规范、美观（20%）。
- 文字说明针对性强，并能提出相应的营销决策（20%）。

4. 综合成绩（100%）

- 学生评委评分（40%）
- 教师评委评分（60%）

A：90分以上；B：80～89分；C：70～79分；D：60～69分；E：60分以下。

附评分表（表1-8）如下：

表1-8　市场调查评分表

模拟公司名称	调查表的设计（40%）		市场调查过程（20%）		市场调查报告（40%）		合计
	主题（20%）	问卷设计（20%）	人员分工（10%）	调查过程（10%）	数据统计（20%）	文字说明（20%）	

🗁 理论加油站

一、市场调研

（一）市场调研的定义

市场调研（Marketing Research）运用科学的方法，有目的、有计划地收集、整理、分析有关供求、资源的各种情报、信息和资料。它是一种把握供求现状和发展趋势，为制定营销策略和企业决策提供正确依据的信息管理活动。它是市场调查与市场研究的统称，是个人或组织根据特定的决策问题而系统地设计、搜集、记录、整理、分析及研究市场各类信息资料，报告调研结果的工作过程。市场调研是市场预测和经营决策过程中必不可少的组成部分。

（二）市场调研的 11 个步骤

（1）确定市场调研的必要性。

（2）定义问题。

（3）确立调研目标。

（4）确定调研设计方案。

（5）确定信息的类型和来源。

（6）确定收集资料。

（7）问卷设计。

（8）确定抽样方案及样本容量。

（9）收集资料。

（10）分析资料。

（11）撰写调研报告。

（三）市场调查方法

1. 观察法

观察法分为直接观察和实际痕迹测量两种方法。

所谓直接观察法，指调查者在调查现场有目的、有计划、有系统地对调查对象的行为、言辞和表情进行观察记录，以取得第一手资料。它最大的特点是总在自然条件下进行，所得材料真实生动，但也会因为所观察对象的特殊性而使观察结果流于片面。

实际痕迹测量是通过某一事件留下的实际痕迹来观察调查，一般用于对用户的流量、广告的效果等的调查。例如，企业在几种报纸、杂志上做广告时，在广告下面附有一张表格或条子，请读者阅后剪下，分别寄回企业有关部门。企业从回收的表格中可以了解到哪种报纸杂志上刊登的广告最为有效，为今后选择广告媒介和测定广告效果提供可靠资料。

2. 询问法

询问法是将所要调查的事项以当面、书面或电话的方式，向被调查者提出询问，以获得所需要的资料。它是市场调查中最常见的一种方法，可分为面谈调查、邮寄调查、电话调查和留置询问表调查四种。它们有各自的优缺点：面谈调查能直接听取对方意见，富有灵活性，但成本较高，结果容易受调查人员技术水平的影响；邮寄调查速度快，成本低，但回收率低；电话调查速度快，成本最低，但只限于在有电话的用户中调查，整体性不高；留置询问表调查可以弥补以上缺点，由调查人员当面交给被调查人员问卷，说明方法后，由其自行填写，填好后再由调查人员定期收回。

3. 实验法

它通常用来调查某种因素对市场销售量的影响，这种方法是在一定条件下进行小规模实验，然后对实际结果做出分析，研究产品是否值得推广。它的应用范围很广，凡是某一商品在改变品种、品质、包装、设计、价格、广告和陈列方法等因素时都可以应用这种方法，调查用户的反应。

（四）市场调研的主体流程

市场调研的重要环节主要在两个方面：信息收集，调研分析。信息收集为调研分析提供数据；调研分析是对信息数据进行剖析并写出调研报告，企业战略目标、管理计划等方案就是根据调研的报告来制定的。如图1-4所示：

信息收集 → 调研分析 —写出→ 调研报告

图1-4　市场调研主体流程

1. 信息收集

信息收集就是对市场环境的信息资料的采集，采集资料的真实性和有效性对调研分析的科学性产生直接的影响，而采集资料的真实性和有效性直接取决于信息采集的调研方法。

市场调研是一门单独的学科，书本中的市场调研方法比较系统和专业。但市场调研贯穿在企业管理之中，一个企业受人力、物力的局限，不可能依据系统的方式去获取资料。虽然一些大型企业的市场调研声势浩大，又送礼、又抽奖，相兼了询问和问卷调研法，可我们从调研现场发现，在利益的驱动下调研对象提供的虚假信息占有相当的比例。因此，最有效的信息收集方式是深入市场，现实性管理称之为"深入调研法"。

深入调研法是根据调研目的，通过深入市场来采集信息资料的一种实效性调研方法。该调研方法具有针对性、经济性和实效性等特点。

企业管理需要的信息资料很多，而市场正是一个庞大的信息系统。为了确保信息收集的针对性，深入调研法和专业调研标准一样，也要求在进行信息收集时根据调研目的制定出调研课题、确定调研范围。最科学的标准是拟定出详细的调研计划，调研计划包括：调研课题、调研时间、调研人员、调研地点、调研费用、调研对象、调研方法等相关内容。调研小组超过三人时还需进行责权分工，选出临时负责人，提高调研效率。

深入调研法同常规调研法的不同之处在于强调信息收集过程中调研人的调研技巧和行业领悟能力。调研技巧通常包括调研人的处事风格和对调研渠道的把握。在调研技巧上，调研人要根据调研课题选择出有代表性的专业渠道和辅助渠道，并根据调研效果设定合理的渠道比例来进行信息收集。行业卖场、经销商、行业展会等渠道为专业性渠道，构成信息采集的重点；报纸、书店、网络、电话簿、电视等渠道为辅助性渠道，构成专业性渠道的补充渠道。通过辅助性渠道的选择，有利于促进对专业性渠道信息收集的充实和论证；其次，行业的领悟性要求调研者在信息收集过程中要善于采用观、记、问、领会等调研手法，收集信息的同时分析市场，透过表面的市场现象捕捉真实的市场资料。

调研人在信息收集过程中，为提高调研效果，可以适当给被调研人赠送一些小礼品，并灵活采用一些科学的调研方法作为补充，比如电话咨询、问卷调研和行业拜访等。深入调研法的中心任务是通过深入市场，确保采集信息的实效价值。

2. 调研分析

调研分析是对调研信息资料的汇总和解析，并需根据分析结论写出调研报告。调研报告是针对调研课题在分析基础上拟定的总结性汇报书，可以根据调研分析提出一些看法和观点。调研报告是通过调研资料对调研实效价值的具体体现。

调研是科学管理的基本要求，但科学管理对调研的要求不是表现为一个企业是否有了调研的行为，而在于能否确保管理者根据调研报告对管理行为做出正确的选择。假如说信息收集是调研质量的安全线，那么调研分析就是调研质量的生命线，因为分析提炼了调研的价值成分，它更深地反映为对市场的一种审视和剖析。很多企业信息采集的资料都很标准，但由于缺乏审视和剖析能力，调研的价值就无从估计，甚至误导了企业、牵制了管理。

书本中的分析方法为定性分析和定量分析两种。在此基础上，现实性管理增加了理性分析法，即运用管理思想和专业的眼光，在对远景市场展望的基础上对调研信息资料进行剖析和思考，从而制定出对企业有实效价值的调研分析报告。通常，调研分析应该由专家级的人物组成。

（五）市场调研的基本过程

市场调查是企业制定营销计划的基础。企业开展市场调查可以采用两种方式：一是委托专业市场调查公司来做；二是企业自己来做，企业可以设立市场研究部门，负责此项工作。市场调研工作的基本过程包括：明确调查目标、设计调查方案、制定调查工作计划、组织实地调查、调查资料的整理和分析、撰写调查报告。

1. 明确调查目标

企业进行市场调查，首先要明确市场调查的目标。按照企业的不同需要，市场调查的目标有所不同。企业实施经营战略时，必须调查宏观市场环境的发展变化趋势，尤其要调查所处行业未来的发展状况；企业制定市场营销策略时，要调查市场需求状况、市场竞争状况、消费者购买行为和营销要素情况；当企业在经营中遇到了问题，这时应针对存在的问题和产生的原因进行市场调查。

2. 设计调查方案

一个完善的市场调查方案一般包括以下几方面内容：

（1）调查目的要求。根据市场调查目标，在调查方案中列出本次市场调查的具体目的和要求。例如，本次市场调查的目的是了解某产品的消费者购买行为和消费偏好情况等。

（2）调查对象。市场调查的对象一般为消费者、零售商和批发商，零售商和批发商为经销被调查产品的商家，消费者一般为使用该产品的消费群体。在以消费者为调查对象时，要注意到有时某一产品的购买者和使用者不一致。如对婴儿食品的调查，其调查对象应为孩子的母亲。此外还应注意到一些产品的消费对象主要针对某一特定消费群体或侧重于某一消费群体，这时的调查对象应注意选择产品的主要消费群体。如对于化妆品，调查对象主要选择女性；对于酒类产品，其调查对象主要为男性。

（3）调查内容。调查内容是收集资料的依据，是为实现调查目标服务的，可根据市场调查的目的确定具体的调查内容。如在调查消费者行为时，可按消费者购买、使用、使用后评价三个方面列出调查的具体内容项目。调查内容的确定要全面、具体，条理清晰、简练，避免面面俱到，内容过多，过于烦琐，避免把与调查目的无关的内容列入其中。

（4）调查表。调查表是市场调查的基本工具，调查表的设计质量直接影响到市场调查的质量。设计调查表要注意以下几点：①调查表的设计要与调查主题密切相关，重点突出，避免可有可无的问题；②调查表中的问题要容易让被调查者接受，避免出现被调查者不愿回答，或令被调查者难堪的问题；③调查表中的问题次序要条理清楚，顺理成章，符合逻辑顺序，一般可把容易回答的问题放在前面，较难回答的问题放在中间，敏感性的问题放在最后；封闭式问题在前，开放式问题在后；④调查表的内容要简明，尽量使用简单、直接、无偏见的词汇，保证被调查者能在较短的时间内完成调查表。

（5）调查地区范围。调查地区范围应与企业产品销售范围相一致。当在某一城市做市场调查时，调查范围应为整个城市；但由于调查样本数量有限，调查范围不可能遍及城市的每一个地方，一般可根据城市的人口分布情况，主要考虑人口特征中收入、文化程度等因素，在城市中划定若干个小范围调查区域，划分原则是使各区域内的综合情况与城市的总体情况分布一致，将总样本按比例分配到各个区域，再在各个区域内实施访问调查。这样可相对缩小调查范围，减少实地访问工作量，提高调查工作效率，减少费用。

（6）样本的抽取。调查样本要在调查对象中抽取，由于调查对象分布范围较广，应制定一个抽样方案，以确保抽取的样本能反映总体情况。样本的抽取数量可根据市场调查的准确程度的要求确定，市场调查结果准确度要求越高，抽取样本数量应越多，但调查费用也越高，一般可根据市场调查结果的用途情况确定适宜的样本数量。在实际市场调查中，在一个中等以上规模城市进行市场调查的样本数量，按调查项目的不同要求，可选择 200 ~ 1 000 个样本，样本的抽取可采用统计学中的抽样方法。具体抽样时，要注意对抽取样本的人口特征因素进行控制，以保证抽取样本的人口特征分布与调查对象总体的人口特征分布相一致。

（7）资料的收集和整理方法。在市场调查中，常用的资料收集方法有调查法、观察法和实验法。一般来说，前一种方法适宜于描述性研究，而后两种方法适宜于探测性研究。企业在做市场调查时，采用调查法较为普遍。调查法又可分为面谈法、电话调查法、邮寄调查法和留置询问表法等。这几种调查方法各有其优缺点，适用于不同的调查场合，企业可根据实际调研项目的要求来选择。资料的整理方法一般可采用统计学中的方法，利用 Excel 工作表格，可以很方便地对调查表进行统计处理，获得大量的统计数据。

3. 制定调查工作计划

（1）组织领导及配备人员。企业首先 建立市场调查项目的组织领导机构，可由企业的市场部或企划部来负责调查项目的组织领导工作。其次针对调查项目成立市场调查小组，负责项目的具体组织实施工作。

（2）访问员的招聘及培训。访问人员可从高校中的经济管理类专业的大学生中招聘。根据调查项目中完成全部问卷实地访问的时间来确定每个访问员一天可完成的问卷数量，核定需招聘访问员的人数。然后对访问员进行必要的培训，培训内容包括：①访问调查的基本方法和技巧；②被调查产品的基本情况；③实地调查的工作计划；④调查的要求及需要注意的事项。

（3）工作进度。对市场调查项目的整个进行过程安排一个时间表，确定各阶段的工作内容及所需时间。市场调查包括以下几个阶段：①调查工作的准备阶段，包括调查表的设计、抽取样本和访问员的招聘及培训等；②实地调查阶段；③问卷的统计处理、分析阶段；④撰写调查报告阶段。

（4）费用预算。市场调查的费用预算主要有调查表设计印刷费、访问员培训费、访问员劳务费及礼品费和调查表统计处理费用等。企业应核定市场调查过程中将发生的各项费用支出，确定合理的市场调查总的费用预算。

4. 组织实地调查

市场调查的各项准备工作完成后，开始进行问卷的实地调查工作。组织实地调查要做好两方面工作：

（1）做好实地调查的组织领导工作。实地调查是一项较为复杂烦琐的工作。要按照事先划定的调查区域确定每个区域调查样本的数量、访问员的人数、每位访问员应访问样本的数量及访问路线，每个调查区域配备一名督导人员；明确调查人员及访问人员的工作任务和工作职责，做到把工作任务落实到位，工作目标、责任明确。

（2）做好实地调查的协调、控制工作。调查组织人员要及时掌握实地调查工作的进度，协调好各个访问员间的工作进度；要及时了解访问员在访问中遇到的问题，并帮助解决，对于调查中遇到的共性问题，提出统一的解决办法。要做到每天访问调查结束后，访问员首先对填写的问卷进行自查，然后由督导员对问卷进行检查，找出存在的问题，以便在后面的调查中及时改进。

5. 调查资料的整理和分析

实地调查结束后，即进入调查资料的整理和分析阶段。收集好已填写的调查表后，由调查人员对调查表进行逐份检查，剔除不合格的调查表，然后将合格的调查表统一编号，以便于调查数据的统计。调查数据的统计可利用 Excel 电子表格软件完成；将调查数据输入计算机，经 Excel 软件运行后，即可获得已列成表格的大量的统计数据。利用上述统计结果，就可以按照调查目的的要求，对调查内容进行全面的分析工作。

6. 撰写调查报告

撰写调查报告是市场调查的最后一项工作内容，市场调查工作的成果将体现在最后的调查报告中，调查报告将提交给企业决策者，作为企业制定市场营销策略的依据。市场调查报告要按规范的格式撰写，一个完整的市场调查报告格式一般由标题、目录、概述、正文、结论与建议、附件等几部分组成。

（1）标题。标题和报告日期、委托方、调查方，一般应打印在扉页上。

关于标题，一般要在与标题的同一页把被调查单位、调查内容明确而具体地表示出来，如《关于哈尔滨市家电市场调查报告》。有的调查报告还采用正、副标题形式，一般正标题表达调查的主题，副标题则具体表明调查的单位和问题。如：《消费者眼中的〈海峡都市报〉暨〈海峡都市报〉读者群研究报告》。

（2）目录。如果调查报告的内容、页数较多，为了方便读者阅读，应当使用目录或索引形式列出报告所分的主要章节和附录，并注明标题、有关章节号码及页码。一般来说，目录的篇幅不宜超过一页。例如：①调查设计与组织实施；②调查对象构成情况简介；③调查的主要统计结果简介；④综合分析；⑤数据资料汇总表；⑥附录。

（3）概述。概述主要阐述课题的基本情况。它是按照市场调查课题的顺序将问题展开，并阐述对调查的原始资料进行选择、评价、做出结论、提出建议的原则等。主要包括三方面内容：

第一，简要说明调查目的，即简要地说明调查的由来和委托调查的原因；

第二，简要介绍调查对象和调查内容，包括调查时间、地点、对象、范围、调查要点及所要解答的问题；

第三，简要介绍调查研究的方法。介绍调查研究的方法，有助于提高调查结果的可靠性。因此对所用方法要进行简短叙述，并说明选用方法的原因。例如，是用抽样调查法还是用典型调查法，是用实地调查法还是用文案调查法，这些一般是在调查过程中使用的方法。另外，对分析中使用的方法，如指数平滑分析、回归分析和聚类分析等方法都应做简要说明。如果部分内容很多，应有详细的工作技术报告加以说明补充，附在市场调查报告的附件中。

（4）正文。正文是市场调查分析报告的主体部分。这部分必须准确阐明全部的有关论据，包括问题的提出到分析研究问题的方法、论证的全部过程和得出的结论，还应当有可供市场活动的决策者进行独立思考的全部调查结果和必要的市场信息，以及对这些情况和内容的分析评论。

（5）结论与建议。结论与建议是撰写综合分析报告的主要目的。这部分包括对概述和正文部分所提出的主要内容的总结，提出如何利用已证明为有效的措施和解决某一具体问题可供选择的方案与建议。结论和建议要与正文部分的论述紧密对应，不可以提出无证据的结论，也不能提出没有结论性意见的论证。

（6）附件。附件是指调查报告正文包含不了或没有提及，但与正文有关且必须附加说明的部分。它是对正文报告的补充或更详尽的说明，包括数据汇总表及原始资料、背景材料和必要的工作技术报告，例如调查样本选定的有关细节资料及调查期间所使用的文件副本等。

（六）市场调查报告的内容

市场调查报告的主要内容包括：

（1）说明调查目的及所要解决的问题。

（2）介绍市场背景资料。

（3）分析的方法。如样本的抽取，资料的收集、整理、分析技术等。

（4）调研数据及其分析。

（5）提出论点，即提出自己的观点和看法。

（6）论证所提观点的基本理由。

（7）提出解决问题可供选择的建议、方案和步骤。

（8）预测可能遇到的风险及对策。

二、预测方法

（一）什么是市场预测

所谓市场预测是指企业在通过市场调查获得一定资料的基础上，针对企业的实际需要以及相关的现实环境因素，运用已有的知识、经验和科学方法，对企业和市场未来发展变化的趋势做出适当的分析与判断，为企业营销活动和经营决策等提供可靠依据的一种活动。

市场预测的历史悠久。根据《史记》记载，范蠡在辅佐勾践灭吴复国以后，即弃官经商，19 年之中三致千金，成为天下富翁。他的商场建树得益于他懂得市场预测。例如，"论其存余不足，则知贵贱，贵上极则反贱，贱下极则反贵。"这是他根据市场上商品的供求情况来预测商品的价格变化。

严格地说，市场预测是从 19 世纪下半叶开始的。一方面，资本主义经济中的市场变化极其复杂，要想获取利润，减少经营风险，就要把握经济周期的变化规律；另一方面，数理经济学对现象数量关系的研究已经逐步深入，各国统计资料的积累也日益丰富，适用于处理经济问题，包括市场预测的统计方法也逐步完善。学术界关于市场预测的里程碑是从奥地利经济学家兼统计学家斯帕拉特·尼曼算起的。他运用指数分析方法研究了金、银、煤、铁、咖啡和棉花的生产情况，有关铁路、航运、电信和国际贸易方面的问题，以及 1866—1873 年的进出口价值数据。

预测为决策服务，是为了提高管理的科学水平，减少决策的盲目性。我们需要通过预测来把握经济发展或者未来市场变化的有关动态，减少未来的不确定性，降低决策可能遇到的风险，使决策目标得以顺利实现。

（二）市场预测的基本步骤

预测应该遵循一定的程序和步骤以使工作有序化、统筹规划和协作。市场预测的过程大致包含以下的步骤：

1. 确定预测目标

明确目的，是开展市场预测工作的第一步。由于预测的目的不同，预测的内容和项目、所需要的资料和所运用的方法都会有所不同。明确预测目标，就是根据经营活动存在的问题，拟定预测的项目，制定预测工作计划，编制预算，调配力量，组织实施，以保证市场预测工作有计划、有节奏地进行。

2. 搜集资料

进行市场预测必须拥有充分的资料。有了充分的资料，才能为市场预测提供进行分析、判断的可靠依据。在市场预测计划的指导下，调查和搜集与预测有关的资料是进行市场预测的重要一环，也是预测的基础性工作。

3. 选择预测方法

根据预测的目标以及各种预测方法的适用条件和性能，选择合适的预测方法。有时可以运用多种预测方法来预测同一目标。预测方法的选用是否恰当，将直接影响到预测的精确性和可靠性。运用预测方法的核心是建立描述、概括研究对象特征和变化规律的模型，根据模型进行计算或者处理，即可得到预测结果。

4. 预测分析和修正

分析判断是对调查搜集的资料进行综合分析，并通过判断、推理，使感性认识上升为理性认识，从事物的现象深入到事物的本质，从而预测市场未来的发展变化趋势。决策者通常还要在分析评判的基础上，根据最新信息对原预测结果进行评估和修正。

5. 编写预测报告

预测报告应该概括预测研究的主要活动过程，包括预测目标、预测对象及有关因素的分析结论、主要资料和数据，预测方法的选择和模型的建立，以及对预测结论的评估、分析和修正等等。

（三）市场预测的方法

市场预测的方法很多，主要有以下几种：

1. 定性预测

定性预测是指预测者根据已经掌握的部分历史和直观的资料，运用个人的经验和主观判断能力对事物的未来发展做出性质和程度上的预测。

（1）经验判断法。此法又名"意见法"。其特点是以企业领导层和基层业务人员的经验和判断为基础，通过分析综合，以判断未来的市场情况。此法的优点在于：在最短时间内集中有关人员的意见，迅速做出判断，简单易行。这种方法在缺乏预测资料时特别有用，如果决策者有较丰富的经验和分析判断能力，并且对各方面的情况比较熟悉，就可以得到较好的预测结果。缺点是主观意志较多，客观的数据和资料不足，容易发生偏差。例如基层销售人员的意见，多从完成销售任务出发，对市场的估计偏低。同时，判断预测多用于一般性预测，内容不够细致，对市场变化、消费者意向等难以细分。

判断预测法可细分为两种：

①个人判断法。个人判断法就是由企业决策人或基层业务人员根据对客观情况的分析和自己的经验，对市场需求的情况做出主观判断，预测未来的情况。

②综合判断法。是指综合主管人员、基层业务人员及其有关方面通过判断而确定预测结果。它首先由企业负责人召集销售、计划、生产、财务等部门的负责人或销售人员广泛交换意见，预测产品销售量，然后将不同人员的预测值进行综合，从而得出预测结果。由于各类人员所处的工作环境不同，其判断各有优缺点，如能全面综合，则预测效果会更好。具体计算方法如下：

假设某企业为了预测某产品明年的销售量，邀请了两位经理和三位销售人员进行预测，经理方面的预测如下：

甲经理的预测值为 1 000 台，乙经理的预测值为 800 台。假设两位经理的预测结果的重要性是相同的，则经理方面的平均销售预测值为：（1 000＋800）/2 = 900（台）。销售人员方面的预测如表 1-9 所示：

表 1-9　销售员预测结果

销售员	销售量（台）	概　率	销售量×概率
甲：最高销售	1 000	0.3	300
可能销售	700	0.5	350
最低销售	600	0.2	120
预测值		770	
乙：最高销售	1 200	0.2	240
可能销量	900	0.6	540
最低销售	600	0.2	120
预测值		900	

（续上表）

销售员	销售量（台）	概　率	销售量×概率
丙：最高销售	900	0.2	180
可能销售	700	0.5	350
最低销售	600	0.3	180
预测值		730	

假设销售人员方面，三个人的预测重要性相同，则其平均的销售预测值为：

$$（770 + 900 + 730）÷3 = 800（台）$$

获得经理人员和销售人员两方面的预测后，若经理人员的预测重要性高于销售人员，其重要性比例为2∶1，则综合性的销售预测值为：

$$（900 × 2 + 800 × 1）÷3 ≈ 866.7（台）$$

（2）购买者意见调查法。这是通过直接询问潜在购买者的购买倾向和意见，据以判断销售量的一种预测方法。此法由于能够直接了解潜在购买者的意向，他们又最清楚自己未来的购买量，因此，如能获得完整资料，则预测的准确性较高。调查购买者意向的具体方法很多，如直接访问、邮寄调查、电话调查、专业用户调查、组织消费者座谈会等等。总的来说，由于购买者数量很多，不可能逐个调查，故较多采用典型调查或抽样调查的方法，即通过对有代表性的购买者、市场或抽取出来的样本进行调查，然后再推算出商品需求量。此调查法调查单位少，人力物力节省、汇总快，但对调查的技术性要求较高，并且只有当购买者有购买意图、愿付诸实施并告诉调查访问者时，该种调查法才显得有价值；若不能取得被调查者的真诚合作，得不到真实可靠的情况和资料，则预测误差就会很大。

（3）德尔菲法。这种方法是根据专家的经验和判断进行预测，此法又名专家意见法或专家函询调查法。据传德尔菲是希腊古城的名字，城中有阿波罗神殿，可以预卜未来，众神每年到德尔菲集会，以预言未来，故借用其名。此法在国外的使用较为普遍。

这种方法的主要特点是，向一组专家分别征询意见，专家之间互不见面，只直接和预测单位联系。此法的基本做法是：

第一，拟定调查课题。由预测组织者拟定出需要预测的课题，列成调查表，并提供有关背景资料。一次调查的问题不宜过多、过杂。

第二，组成专家调查组。所选择的专家应具有与预测课题有关的专业知识、工作经验、预测分析能力和一定的声望。专家们应在专业、水平、年龄、职务、性格和社会背景等方面具有广泛的代表性，以便取得较全面的信息。专家的人数由十几人到几十人不等，具体人数应视预测课题的复杂性而定。

第三，进行第一轮调查。主持预测单位将调查表发给专家，专家根据调查表的要求，对所预测事物提出个人的判断与分析，并说明依据与理由。

第四，进行第二轮调查。主持预测单位把搜集到的专家意见加以集中整理，将不同的预测结果及其依据与理由分送给各专家，进行第二轮征询，要求专家补充、修改各自的预测，并加以说明或评论。

第五，重复多次征询调查，得出一致意见。专家根据各方面的资料、数据、意见，提出自己的补充或修改预测意见，并说明其依据与理由。这种不记名的反复征询，一般经过四五轮，意见便逐渐趋向一致，最后得出比较切合实际的集中答案。

由于专家调查法具有匿名的性质，所以可保证信息的交流不受权力、资历和口才等因素的影响；由于调查循环反复进行多次，每个人不仅可以知道集体答案的分布情况，并能了解持有不同意见者的理由，促使被调查者充分进行思考和修正自己的意见；由于预测综合全体专家的意见，因而可使预测结果具有较大的可靠性和权威性。

2. 定量预测

定量预测技术是通过建立数学和统计学模型来预测销售未来的一种方法，在中短期预测中有着非常明显的优势。这里主要介绍以下几种：

（1）加权算术平均法。加权算术平均法的特点是，在计算过程中逐步加大近期实际销售量在平均值中的权数，然后予以平均，以确定预测值。权数的确定，是根据以前各期销售实际对预测期的影响程度来确定的，资料期中各期权数之和应等于1。预测值可用以下公式表示：

$$y = \sum (x_i \cdot w_i) / \sum w_i$$

其中，x_i 为各观测值；w_i 为各观测值的对应权数；y 为加权算术平均数（即预测值）。

例：假设有股票 A 1 000 股，价格为 10 元；有股票 B 2 000 股，价格为 15 元。

那么，加权算术平均数为：（10 × 1 000 ＋ 15 × 2 000）÷（1 000 + 2 000）≈13.33（元）

此法对于历史各期资料都给予权数进行计算，但当近期实际资料影响较大时，也可采用加权移动平均法。

（2）加权移动平均法。利用此法计算预测值时，可采用以下公式：

$$X_{n+1} = (X_n \times f_n + X_{n-1} \times f_{n-1} + \cdots + X_{n-k+1} \times f_{n-k+1}) \div (f_n + f_{n-1} + \cdots + f_{n-k+1})$$

其中，k 为计算期数。

例：已知某百货商场1—5月份的销售额分别为50万元、40万元、50万元、55万元、60万元，现预测6月份的销售额，并设前一期权数为0.5，前两期权数为0.25，前三期权数为0.25。则：X_6 =（0.5 × 60 + 0.25 × 55 + 0.25 × 50）÷（0.5 + 0.25 + 0.25）= 56.25（万元）。

（3）直线趋势法。直线趋势法又称"直线趋势预测法"、"线性趋势预测法"，是对观察期的时间序列资料表现为接近于一条直线，表现为近似直线的上升和下降时采用的一种预测方法。该法的关键是求得趋势直线，以利用趋势直线的延伸求得预测值。

直线趋势法是假设所要预测的变量与时间之间成线性函数关系，并以此为基础预测未来。因此，使用这种方法时，应先计算相关系数，以判别变量与时间之间是否基本上存在线性联系。只有存在线性联系时，才能采用这种方法进行预测。其公式为：

$$Y = a + bX$$

其中，a 为直线在 Y 轴上的截距；b 为直线斜率，反映年平均增长率；Y 为销售预测趋势值；X 为时间。

根据最小平方法原理，先计算预测趋势值的总和，即：

$$\sum Y = na + b \sum X$$

其中，n 为年份数。

再计算 XY 的总和，即：

$$\sum XY = a \sum X + b \sum X^2$$

为简化计算，将 $\sum X$ 取 0。若 n 为奇数，则取 X 的间隔为 1，将 $X = 0$ 置于资料期的中央一期；若 n 为偶数，则取 X 的间隔为 2，将 $X = -1$ 与 $X = 1$ 置于资料中央的上下两期。

当 $\sum X = 0$ 时，上述两式分别变为：

$$\sum Y = na$$
$$\sum XY = b \sum X^2$$

由此推算出 a、b 值为：

$$a = \sum Y / n$$
$$b = \sum XY / \sum X^2$$

所以为：

$$Y = \sum Y / n + \left[\left(\sum XY / \sum X^2 \right) \right] X$$

例：万乐电器公司作为一家专业生产汽车音响配套产品的企业，它的营销经理采集了 2003—2008 年的销售数据，各年的销售额分别为 1 050 万元、1 152 万元、1 620 万元、1 922 万元、2 103 万元和 2 701 万元。

要求：请运用直线趋势法（利用最小平方原理）预测万乐电器公司 2009 年的销售额。

由于 $n=6$，为偶数，则 X 取值为 -5，-3，-1，1，3，5，具体参数见下表（表1-10）：

表1-10 万乐电器销售参数

年份	n	时间 X	销售量 Y	X^2	XY
2003	1	-5	1 050	25	-5 250
2004	2	-3	1 152	9	-3 456
2005	3	-1	1 620	1	-1 620
2006	4	1	1 922	1	1 922
2007	5	3	2 103	9	6 309
2008	6	5	2 701	25	13 505
合计		0	10 548	70	11 410

直线趋势方程：

$Y = a + bX$

又 $Y = 1\ 758 + 163X$

$b = \sum XY \div \sum X^2 = 11\ 410 \div 70 = 163$，$a = \sum Y \div n = 10\ 548 \div 6 = 1\ 758$

预测2009年的销售额，则 X 取值为7，代入公式可得：

$Y = 1\ 758 + 163 \times 7 = 2\ 899$（万元）

📁案例分析

案例1-5

新可口可乐跌入调研陷阱

曾经在朋友处听到这样一个美国式的幽默，假若你在酒吧向侍者要一杯可乐，不用猜，十次有九次他会给你端出可口可乐，还有一次呢？对不起，可口可乐卖完了。可口可乐的魅力由此可见一斑。在美国人眼里，可口可乐就是传统美国精神的象征。但就是这样一个大品牌，20世纪80年代中期却出现了一次几乎致命的失误。

百事可乐以口味取胜

20世纪70年代中期以前，可口可乐一直是美国饮料市场的霸主，市场占有率一度达到80%。然而，20世纪70年代中后期，它的老对手百事可乐迅速崛起。到1975年，可口可乐的市场份额仅比百事可乐多7%；9年后，这个差距更是微乎其微，缩小到3%。

百事可乐的营销策略是：第一，针对饮料市场的最大消费群体——年轻人，以"百事新一代"为主题推出一系列青春、时尚、激情的广告，让百事可乐成为"年轻人的可乐"；第二，进行口味对比。请毫不知情的消费者分别品尝没有贴任何标志的可口可乐与百事可乐，同时百事可乐公司将这一对比实况进行现场直播。结果是，有八成的消费者回答百事可乐的口感优于可口可乐，此举马上使百事可乐的销量激增。

耗资数百万美元的口味测试

对手的步步紧逼让可口可乐感受到了极大的威胁，它试图尽快摆脱这种尴尬的境地。1982年，为找出可口可乐衰退的真正原因，可口可乐决定在全国10个主要城市进行一次深入的消费者调查。

可口可乐设计了"你认为可口可乐的口味如何？""你想试一试新饮料吗？""可口可乐的口味变得更柔和一些，您是否满意？"等问题，希望了解消费者对可口可乐口味的评价并征询对新可乐口味的意见。调查结果显示，大多数消费者愿意尝试新口味可乐。

可口可乐的决策层以此为依据，决定结束可口可乐传统配方的历史使命，同时开发新口味可乐。没过多久，比老可乐口感更柔和、口味更甜的新可口可乐样品便出现在世人面前。

为确保万无一失，在新可口可乐正式推向市场之前，可口可乐公司又花费数百万美元在13个城市中进行了口味测试，邀请了近20万人品尝无标签的新、老可口可乐。结果让决策者们更加放心，六成的消费者回答说新可口可乐味道比老可口可乐要好，认为新可口可乐味道胜过百事可乐的也超过半数。至此，推出新可乐似乎是顺理成章的事了。

背叛美国精神

可口可乐不惜血本协助瓶装商改造了生产线。而且，为配合新可乐上市，可口可乐还进行了大量的广告宣传。1985年4月，可口可乐在纽约举办了一次盛大的新闻发布会，邀请了200多家新闻媒体参加，依靠传媒的巨大影响力，新可乐一举成名。

一切看起来都很顺利，刚上市一段时间，有一半以上的美国人品尝了新可乐。但让可口可乐的决策者们始料未及的是，越来越多的老可口可乐的忠实消费者开始抵制新可乐。对于这些消费者来说，传统配方的可口可乐意味着一种传统的美国精神，放弃传统配方就等于背叛美国精神，"只有老可口可乐才是真正的可乐"，有的顾客甚至扬言再也不买可口可乐。

每天，可口可乐公司都会收到来自愤怒的消费者的成袋信件和上千个批评电话。尽管可口可乐竭尽全力平息消费者的不满，但他们的愤怒情绪犹如火山爆发般难以控制。迫于巨大的压力，决策者们不得不做出让步：在保留新可乐生产线的同时，再次启用近100年历史的传统配方，生产让美国人视为骄傲的"老可口可乐"。

仅仅3个月的时间，可口可乐的新可乐计划就以失败告终。尽管公司前期花费了2年时间、数百万美元进行市场调研，但可口可乐忽略了最重要的一点——对于可口可乐的消费者而言，口味并不是最主要的购买动机。

（资料来源：百度文库 http：//wenku. baidu. com）

讨论题

请你谈谈新可口可乐失败的原因。

✗技能训练

技能训练一

参照以下市场调查报告，设计一份针对某款你喜欢的产品的市场调查表并做出销售预测，最后形成完整的市场调查报告。

在校女生服装购买情况市场调查问卷

亲爱的同学：您好！我们是×××学院商务系市场营销班的学生，为了解我校在校女生服装购买的情况，特意组织此次调查。感谢您抽出宝贵时间配合我们的此次调查，我们将采用匿名调查的方式，对本次调查结果保密，祝您学习、生活愉快！请在符合您选择的答案前的ABCD等字母上打"√"，题目分为单选题（只选一个答案）、复选题（可选择多个答案），每题均有标明。

1. 请问您所在的年级？【单选】

A. 大一　　　　　　　B. 大二　　　　　　　C. 大三　　　　　　　D. 大四

2. 请问您所读专业的性质？【单选】

A. 文科类　　　　　　　　　　　　B. 理工类

3. 您主要购买服装的渠道？【单选】

A. 实体店面购买　　　B. 网络购买　　　　　C. 两者平衡

4. 请问您喜欢在下列哪些场所购买服装？【复选】

A. 品牌专卖店　　　　B. 百货商场　　　　　C. 个性小店　　　　　D. 超市

E. 夜市小摊

5. 您对主要购物区域的选择？【单选】

A. 学校周边　　　　　B. 市区中心　　　　　C. 临近其他城市，如东莞、广州

6. 您会在多长时间内购买一件衣服？【单选】

A. 一个月　　　　　　B. 两个月　　　　　　C. 一个季度

7. 您最近几次购买服装的原因？【复选】

A. 样式引人瞩目　　B. 生活必需　　　　C. 工作需要　　　　　D. 受营业员劝说

E. 广告影响　　　　F. 正在减价　　　　G. 只要自己喜欢，随时购买

H. 刚开始流行　　　I. 看了报纸杂志　　J. 受朋友或熟人的影响　　　K. 其他

8. 您所喜欢的衣服类型？【复选】

A. 欧美　　　　　　　B. 韩版　　　　　　　C. 瑞丽（甜美型）

D. 日式米娜（哈日族的打扮，如紧身、九分裤、过膝袜）

E. 通勤装（下班后，社交场合用的休闲装）

F. 学院派　　　　　　G. OL（白领装）

9. 请问您在购买服饰时，最主要的考虑因素是什么？【复选】

A. 款式　　　　　　　B. 质量　　　　　　　C. 价位　　　　　　　D. 品牌

E. 功能性　　　　　　F. 实用性　　　　　　G. 适合自己　　　　　H. 是否好看

10. 您所考虑的单件衣服价位区间？【复选】

A. 1～50 元　　　　　B. 51～99 元　　　　　C. 100～159 元　　　　D. 160～199 元

E. 200～299 元　　　　F. 300～399 元　　　　G. 400～499 元　　　　H. 500～599 元

I. 600～899 元　　　　J. 900 元及以上

11. 平常着装是否喜欢搭配饰物？【单选】

A. 喜欢　　　　　　　B. 不喜欢　　　　　　C. 一般　　　　　　　D. 视衣服而定

12. 您比较重视的服饰配件是什么？【复选】

A. 帽子　　　　　　　B. 腰带　　　　　　　C. 围巾　　　　　　　D. 首饰

E. 眼镜　　　　　　　F. 头巾　　　　　　　G. 背包　　　　　　　H. 鞋子

I. 其他

13. 您愿意购买造型师专门为您搭配好的整套衣服吗？【单选】

A. 愿意　　　　　　　B. 不愿意　　　　　　C. 可以考虑

14. 请问您对潮流服饰的态度？【单选】

A. 敏感　　　　　　　B. 不敏感　　　　　　C. 抵触

15. 您对折扣感兴趣吗？【单选】

A. 非常感兴趣　　　　B. 比较感兴趣　　　　C. 一般

16. 您喜欢什么样的优惠方式？【复选】

A. 会员制　　　　　　B. 优惠券　　　　　　C. 折扣　　　　　　　D. 礼品

E. 无所谓　　　　　　F. 其他

17. 您平时在意自己的服装搭配，或者是注重不同社交场合的服饰穿着吗？【单选】

A. 注意　　　　　　　B. 不注意　　　　　　C. 一般　　　　　　　D. 无所谓

18. 您在什么时候特别注重自己的服饰？【复选】

A. 与男朋友约会时　　B. 与好友聚会时　　　C. 参加舞会或 PARTY 时

D. 平时逛街　　　　　E. 平时上班工作　　　F. 出席重要社交场合或参加会议

G. 其他

19. 吸引您逛街时进入服装店的因素是什么？【复选】

A. 门面装饰　　　B. 服装　　　C. 店员的样貌和穿着　　　D. 走过的都进

20. 您认为什么样的店面更容易吸引您的眼球？【单选】

A. 时尚前卫　　　B. 个性另类　　　C. 传统复古　　　D. 唯美浪漫

（资料来源：学生作业）

再次感谢您的支持与参与！

技能训练二

某企业 1、2、3 月份的销售额分别为 85 万元、90 万元、92 万元，试用加权算术平均法预测 4 月份的销售额（各期权数分别为 0.5、0.25、0.25）。若 4 月份的实际销售额为 91 万元，试用加权移动平均法预测 5 月份的销售额（取 $k=3$，各期权数为 0.5、0.3 和 0.2）。

技能训练三

某百货公司 2007—2013 年的销售额情况如下表（表 1 - 11），试用直线趋势法预测 2014 年和 2015 年的销售额。

表 1 - 11 2007—2013 年的销售额表

X/年	2007	2008	2009	2010	2011	2012	2013	2014	2015
Y/万元	280	260	300	320	380	420	470	–	–

任务探究

1. 在本次任务中，你或你们小组遇到的最大困难是什么？

2. 市场调查与预测对后期销售有什么实质性的帮助？

任务五 实施 STP 战略

任务描述

在完成了对市场的调查、预测之后，就要将整体市场进行细分，找到适合自己的目标市场并对市场进行定位，这也叫作"STP 战略理论"。S、T、P 分别是 Segmentation、Targeting、Positioning 三个英文单词的缩写，即市场细分、目标市场和市场定位的意思。

每个小组选取一款自己感兴趣的产品，每个学生采用模拟公司的形式，将自己定位于该公司的市场营销人员，针对上述背景制定相应的市场细分方案，并在课堂上演示、说明本公司的方案。

方案中须包括下列内容：

（1）什么样的细分市场会对这种新产品感兴趣。

（2）该公司应采用什么市场细分方式。

（3）该公司应采用何种目标市场营销策略。

（4）该公司应如何定位自己的产品。

任务实施

步骤 1：学生分组，每组即为一个模拟公司，并确定公司名称。

步骤2：市场细分（Market Segmentation）。根据购买者对产品或营销组合的不同需要，将市场分为若干个不同的顾客群体，并勾勒出细分市场的轮廓。

_____

_____

步骤3：确定目标市场（Market Targeting）。选择要进入的一个或多个细分市场。

_____

_____

步骤4：市场定位（Market Positioning）。在目标市场顾客群中形成一个印象。

_____

_____

步骤5：各公司根据背景资料形成相应的市场细分方案。

_____

_____

步骤6：各公司演示、说明本公司的方案。

_____

_____

步骤7：各公司互评及教师综合评议。

_____

_____

附：评分标准

1. 市场细分方案（50%）
- 方案内容（10%）：内容合理，条理清晰，文字流畅。
- 可操作性（10%）：方案的可操作性强，符合实际。
- 目标市场营销策略（15%）：能准确说明选择该市场作为目标市场的原因。
- 定位策略（15%）：使用的定位策略是否合理，是否符合实际情况。

2. 现场介绍（50%）
- 发言表现（10%）：发言人表现大方，语言流畅，表述完整，适当运用演讲技巧。
- 现场答辩（20%）：发言人对现场观众的提问进行答辩。
- 观众意向（20%）：现场观众进行投票，看是否能接受该公司的细分方案。

3. 综合成绩（100%）
- 文字说明部分由教师完成评分（50%）
- 现场介绍部分由各公司代表完成评分（50%）

A：90分以上；B：80~90分；C：70~79分；D：60~69分；E：60分以下。

附评分表（表1-12）如下：

表1－12 模拟公司市场定位评分表

模拟公司名称	市场细分方案（50%）				现场介绍（50%）			合计
	方案内容（10%）	可操作性（10%）	目标市场营销策略（15%）	定位策略（15%）	发言表现（10%）	现场答辩（20%）	观众意向（20%）	

📁 理论加油站

一、市场细分

（一）市场细分的定义

市场细分（Market Segmentation）是指企业根据不同的消费者需求，把整个市场划分成不同的消费者群的过程，其客观基础是消费者需求的异质性。进行市场细分的主要依据是异质市场中需求一致的顾客群，其实质就是在异质市场中求同质。市场细分的目标是为了聚合，即在需求不同的市场中把需求相同的消费者聚合到一起。这一概念的提出，对于企业的发展具有重要的促进作用。

（二）市场细分的基础

1. 顾客需求的差异性

顾客需求的差异性是指不同顾客之间的需求是不一样的。在市场上，消费者总是希望根据自己的独特需求去购买产品，我们根据消费者需求的差异性可以把市场分为"同质性需求"和"异质性需求"两大类。

同质性需求是指由于消费者需求的差异性很小，甚至可以忽略不计，因此没有必要进行市场细分。而异质性需求是指由于消费者所处的地理位置、社会环境不同，自身的心理和购买动机不同，造成他们对产品的价格、质量款式上需求的差异性。这种需求的差异性就是我们市场细分的基础。

2. 顾客需求的相似性

在同一地理条件、社会环境和文化背景下的人们形成有相对类似的人生观、价值观的亚文化群，他们的需求特点和消费习惯大致相同。正是因为消费者需求在某些方面的相对同质，市场上绝对差异的消费者才能按一定标准聚合成不同的群体。所以消费者需求的绝对差异造成了市场细分的必要性，消费者需求的相对同质性则使市场细分有了实现的可能性。

3. 企业有限的资源

现代企业由于受到自身实力的限制，不可能向市场提供能够满足一切需求的产品和服务。为了有效地进行竞争，企业必须进行市场细分，选择最有利可图的目标细分市场，集中企业的资源，制定有效的竞争策略，以取得和增强竞争优势。

（三）市场细分的原则

企业进行市场细分的目的是通过对顾客需求差异予以定位，以取得较大的经济效益。众所周知，产品的差异化必然导致生产成本和推销费用的相应增长。所以，企业必须在市场细分所得收益与市场细分所增成本之间进行权衡。由此，有效的细分市场必须具备以下特征：

（1）可衡量性，即市场特性的可衡量性。指各个细分市场的购买力和规模能被衡量的程度。如果细分变数很难衡量的话，就无法界定市场。

（2）可赢利性或市场开发的效益性。指企业新选定的细分市场容量足以使企业获利。

（3）可进入性或进入市场的可行性。指所选定的细分市场必须与企业的自身状况相匹配，企业有优势占领这一市场。可进入性具体表现在信息进入、产品进入和竞争进入。考虑市场的可进入性，实际上是研究其营销活动的可行性。

（4）差异性或细分标志的动态性。指细分市场在观念上能被区别，并对不同的营销组合因素和方案有不同的反应。

（四）市场细分的种类

（1）地理细分。公司按客户的居住或办公的位置对其分类，然后针对每个地区的客户制定不同的营销组合。

（2）人口细分。按年龄、性别、家庭人口、收入、教育程度、社会阶层、宗教信仰或种族等信息对客户细分。

（3）心理细分。按个性或生活方式等变量对客户细分。

（4）行为细分。对消费者行为进行评估，然后进行细分。

（五）市场细分的程序

1．选定市场范围

确定经营范围——确定产品市场范围，即潜在的顾客群体（产品的市场范围应以市场的需求而不是产品特性来定，并且产品市场范围应尽可能全面）。

2．确定市场细分变量

（1）列举潜在顾客的基本需求。公司的市场营销专家们通过"头脑风暴法"，从地理、人口、行为和心理等几个方面的变量出发，大致估算一下潜在的顾客有哪些基本的需求（还包括刚开始出现或将要出现的消费需求，这里把行为也作为需求来分析）。

（2）分析潜在顾客的各自需求：①对所列举的需求进行总结分类；②按照不同变量对顾客进行分类；③设计调查问卷；④进行市场调查；⑤对问卷进行统计分析。

（3）抽掉潜在顾客的共同要求。

3．形成细分市场

（1）根据差异性需求细分市场。公司找到差异性需求之后，把与差异性需求相对应的顾客细分变量和利益细分变量作为市场细分变量。确定了所有的细分变量以后，选择合适的细分方法，然后将市场划分为不同的群体或子市场，并结合各分市场的顾客特点赋予每一个子市场一定的名称，在分析中形成一个简明的、容易识别和表述的概念。

公司运用调查数据或者经验判断，重新按对顾客购买行为影响程度的大小对变量进行降序排列，从而找出最合适的变量。

（2）深入认识细分市场的特点。①放弃较小或无利可图的细分市场；②排除重复细分市场（首先弄清非重复细分市场的属性：所提供的产品或服务用途不相同；产品和服务在每一个细分市场中的比重及一切相对价值应各不相同；所提供的产品或服务不会取得相同的利益）；③合并较小且与其他需求相似的细分市场；④拆分内部需求差异较大的细分市场（应注意：在能取得经济效益的细分中，拥有顾客数量的最低界限是什么？企业能够控制的细分市场数量是多少？其限度主要由企业自身的综合实力强弱来决定。）；⑤权数要加到每一个变量之上，还需要指定一些其他权数，制造商还应该为一些额外因素而调整市场规模。

二、目标市场

（一）目标市场的定义

所谓目标市场，就是指企业在市场细分之后的若干"子市场"中，所运用的企业营销活动之"矢"而瞄准的市场方向之"的"的优选过程。例如，现阶段我国城乡居民对照相机的需求，可分为高档、中档和普通三种不同的消费者群。调查表明，33%的消费者需要物美价廉的普通相机，52%的消费者需要使用质量可靠、价格适中的中档相机，16%的消费者需要美观、轻巧、耐用、高档的全自动或多镜头相机。国内各照相机生产厂家，大都以中档、普通相机为生产营销的目标，因而市场出现供过于求的状况，而各大中型商场的高档相机，多为高价进口货。如果某一照相机厂家选定16%的消费者目标，优先推出质优、价格合理的新型高级相机，就会受到这部分消费者的欢迎，从而迅速提高市场占有率。

（二）选择目标市场的三种策略

1. 无差别性市场营销策略

无差别性市场营销策略，就是企业把整个市场作为自己的目标市场，只考虑市场需求的共性，而不考虑其差异，运用一种产品、一种价格、一种推销方法，吸引尽可能多的消费者。美国可口可乐公司从1886年问世以来，一直采用无差别性市场策略，生产一种口味、一种配方、一种包装的产品满足世界156个国家和地区的需要，被称作"世界性的清凉饮料"，其资产达74亿美元。由于百事可乐等饮料的竞争，1985年4月，可口可乐公司宣布改变配方的决定，不料在美国市场掀起轩然大波，许多电话打到公司，对公司改变可口可乐的配方表示不满和反对，结果公司不得不继续大批量生产传统配方的可口可乐。可见，采用无差别性市场策略，产品在内在质量和外在形体上必须有独特风格，才能得到多数消费者的认可，从而保持相对的稳定性。这种策略的优点是产品单一，容易保证质量，能大批量生产，降低生产和销售成本。但如果同类企业也采用这种策略时，必然会形成激烈竞争。闻名世界的肯德基炸鸡，在全世界有800多个分公司，都是同样的烹饪方法、同样的制作程序、同样的质量指标、同样的服务水平，采取无差别策略，生意很红火。1992

年，肯德基在上海开业不久，上海荣华鸡快餐店开业，且把分店开到肯德基对面，形成"斗鸡"场面。因荣华鸡快餐把原来洋人用面包作主食改为以蛋炒饭为主食，西式沙拉土豆改成酸辣菜、西葫芦条，更取悦了中国消费者。所以，在面对竞争强手时，无差别策略也有其局限性。

2. 差别性市场营销策略

差别性市场营销策略就是把整个市场细分为若干个子市场，针对不同的子市场，设计不同的产品，制定不同的营销策略，满足不同的消费需求。如，美国有些服装企业，按生活方式把妇女分成三种类型：时髦型、男子气型和朴素型。时髦型妇女喜欢把自己打扮得华贵艳丽，引人注目；男子气型妇女喜欢打扮得超凡脱俗，卓尔不群；朴素型妇女购买服装讲求经济实惠，价格适中。公司根据不同类型妇女的不同偏好，有针对性地设计出不同风格的服装，使产品对各类消费者都更具有吸引力。又如某自行车企业，根据地理位置、年龄、性别细分为几个子市场：农村市场，因常运输货物，要求牢固耐用，载重量大；城市男青年，要求快速、样式好；城市女青年，要求轻便、漂亮、闸灵。企业针对每个子市场的特点，制定不同的市场营销组合策略。这种策略的优点是能满足不同消费者的不同要求，有利于扩大销售、占领市场、提高企业声誉。其缺点是由于产品差异化和促销方式差异化，增加了管理难度，提高了生产和销售费用。目前只有力量雄厚的大公司采用这种策略。如青岛双星集团公司，生产多品种、多款式和多型号的鞋，以满足国内外市场的多种需求。

3. 集中性市场营销策略

集中性市场营销策略就是在细分后的市场上，选择两个或少数几个细分市场作为目标市场，实行专业化生产和销售，在少数市场上发挥优势，提高市场占有率。采用这种策略的企业对目标市场有较深的了解，这是大部分中小型企业应当采用的策略。日本尼西奇起初是一个生产雨衣、尿布、游泳帽、卫生带等多种橡胶制品的小厂，由于订货不足，面临破产。总经理多川博在一次偶然的机会，从一份人口普查表中发现，日本每年约出生250万个婴儿，如果每个婴儿用两条尿布，一年就需要500万条。于是，他们决定放弃尿布以外的产品，实行尿布专业化生产。一炮打响后，他们又不断研制新材料、开发新品种，不仅垄断了日本尿布市场，而且还远销世界70多个国家和地区，成为闻名于世的"尿布大王"。企业采用集中性市场策略，能集中优势力量，有利于产品适销对路，降低成本，提高企业和产品的知名度，但有较大的经营风险，因为它的目标市场范围小，品种单一。如果目标市场的消费者需求和爱好发生变化，企业就可能因应变不及时而陷入困境。同时，当强有力的竞争者打入目标市场时，企业就会受到严重影响。因此，许多中小企业为了分散风险，仍应选择一定数量的细分市场为自己的目标市场。

三种目标市场营销策略各有利弊。选择目标市场时，必须考虑企业面临的各种因素和条件，如企业规模和原料的供应、产品类似性、市场类似性、产品寿命周期和竞争的目标市场等。选择适合本企业的目标市场营销策略是一个复杂多变的工作。企业内部条件和外部环境在不断地发展变化，经营者也要不断通过市场调查和预测，掌握和分析市场变化趋势与竞争对手的条件，扬长避短，发挥优势，把握时机，采取灵活的适应市场态势的策略，去争取较大的利益。

（三）影响因素

上述三种策略各有利弊，企业在进行决策时要具体分析产品与市场状况和企业本身的特点。影响企业目标市场策略的因素主要有企业资源、产品特点、市场特点和竞争对手的策略四类。

1. 企业资源的特点

资源雄厚的企业，如拥有大规模的生产能力、广泛的分销渠道、标准化程度很高的产品、好的内在质量和品牌信誉等，可以考虑实行无差别性市场营销策略；如果企业拥有雄厚的设计能力和优秀的管理素质，则可以考虑实行差别性市场营销策略；而对实力较弱的中小企业来说，适于集中力量进行集中性营销策略。企业初次进入市场时，往往采用集中性市场营销策略，在积累了一定的成功经验后再采用差别性市场营销策略或无差别性市场营销策略，扩大市场份额。

2. 产品特点

产品的同质性表明了产品在性能、特点等方面的差异性的大小，是企业在选择目标市场时不可不考虑的因素之一。一般对于同质性高的产品如食盐等，宜实行无差别性市场营销；对于同质性低或异质性产品，差别性市场营销或集中性市场营销是适当的选择。

此外，产品因所处的生命周期的阶段不同，其表现出的不同特点亦不容忽视。产品处于导入期和成长初期，消费者刚刚接触新产品，对它的了解还停留在较粗浅的层次，竞争尚不激烈，企业这时的营销重点是挖掘市场对产品的基本需求，往往采用无差别性市场营销策略。等产品进入成长后期和成熟期时，消费者已经熟悉产品的特性，需求向深层次发展，表现出多样性和个性化，竞争空前激烈，企业应适时地转变策略为差别性市场营销或集中性市场营销。

3. 市场特点

供与求是市场中的两大基本力量，它们的变化趋势往往是决定市场发展方向的根本原因。供不应求时，企业重在扩大供给，无暇考虑需求差异，所以采用无差别性市场营销策略；供过于求时，企业为了刺激需求、扩大市场份额，多采用差别性市场营销或集中性市场营销策略。

从市场需求的角度来看，如果消费者对某产品的需求偏好、购买行为相似，则称之为"同质市场"，可采用无差别性市场营销策略；反之，为异质市场，差别性市场营销和集中性市场营销策略更合适。

4. 竞争对手的策略

企业可与竞争对手选择不同的目标市场覆盖策略。例如，当竞争者采用无差别性市场营销策略时，企业选用差别性市场营销策略或集中性市场营销策略更容易发挥优势。

企业的目标市场策略应慎重选择，一旦确定，应该有相对的稳定性，不能朝令夕改。但灵活性也不容忽视，没有永恒正确的策略，一定要密切注意市场需求的变化和竞争动态。

三、市场定位

（一）市场定位的定义

市场定位（Market Positioning）是指企业根据竞争者现有产品在市场上所处的位置，

针对消费者或用户对该产品某种特征或属性的重视程度，强有力地塑造出本企业产品与众不同的、给人印象鲜明的个性或形象，并把这种形象生动地传递给顾客，从而使该产品在市场上确定适当的位置。

（二）市场定位的方式

1. 避强定位

避强定位是指企业力图避免与实力最强或较强的其他企业直接发生竞争，而将自己的产品定位于另一个市场区域内，使自己的产品在某些特征或属性方面与最强或较强的对手有比较显著的区别。

优点：避强定位策略能使企业较快地在市场上站稳脚跟，并能在消费者或用户中树立形象，风险小。

缺点：避强往往意味着企业必须放弃某个最佳的市场位置，很可能使企业处于最差的市场位置。

2. 迎头定位

迎头定位是指企业根据自身的实力，为占据较佳的市场位置，不惜与在市场上占支配地位的、实力最强或较强的竞争对手发生正面竞争，而使自己的产品进入与对手相同的市场位置。

优点：竞争过程往往相当惹人注目，甚至产生所谓的轰动效应，企业及其产品可以较快地为消费者或用户所了解，易于达到树立市场形象的目的。

缺点：具有较大的风险性。

3. 创新定位

创新定位是指寻找新的尚未被占领但有潜在市场需求的位置，填补市场上的空缺，生产市场上没有的、具备某种特色的产品。如日本索尼公司的索尼随身听等一批新产品正因为填补了市场上迷你电子产品的空缺，并进行不断的创新，而使得索尼公司即使在"二战"时期也能迅速发展，一跃成为世界级的跨国公司。在采用这种定位方式时，公司应明确创新定位所需的产品在技术上、经济上是否可行，有无足够的市场容量，能否为公司带来合理而持续的盈利。

4. 重新定位

公司在选定了市场定位目标后，如果定位不准确或虽然开始时定位得当，但当市场情况发生变化，如遇到竞争者定位与本公司接近，侵占了本公司部分市场，或由于某种原因消费者或用户的偏好发生变化，转移到竞争者方面时，就应考虑重新定位。重新定位是以退为进的策略，目的是为了实施更有效的定位。

市场定位是设计公司产品和形象的行为，以使公司明确在目标市场中相对于竞争对手自己的位置。公司在进行市场定位时，应慎之又慎，要通过反复比较和调查研究，找出最合理的突破口，避免出现定位混乱、定位过度、定位过宽或定位过窄的情况。而一旦确立了理想的定位，公司必须通过一致的表现与沟通来维持此定位，并应经常加以监测以随时适应目标顾客和竞争者策略的改变。

简而言之，市场定位就是在客户心目中树立独特的形象。

📁 案例分析

案例 1 - 6

美国米勒公司营销案

20 世纪 60 年代末，米勒啤酒公司在美国啤酒业排名第八，市场份额仅为 8%，与百威、蓝带等知名品牌相距甚远。为了改变这种现状，米勒公司决定采取积极进攻的市场战略。

他们首先进行了市场调查。通过调查发现，若按使用者对啤酒市场进行细分，啤酒饮用者可细分为轻度饮用者和重度饮用者，而前者人数虽多，但饮用量却只有后者的 1/8。

他们还发现，重度饮用者有以下特征：多是蓝领阶层，每天看电视 3 个小时以上，爱好体育运动。米勒公司决定把目标市场定在重度饮用者身上，并果断决定对米勒的"海雷夫"牌啤酒进行重新定位。

重新定位从广告开始。他们首先在电视台特约了一个"米勒天地"的栏目，广告主题变成了"你有多少时间，我们就有多少啤酒"，以吸引那些"啤酒坛子"。广告画面中出现的尽是些激动人心的场面：船员们神情专注地在迷雾中驾驶轮船，年轻人骑着摩托车冲下陡坡，钻井工人奋力止住井喷等。

结果，"海雷夫"的重新定位战略取得了很大的成功。到了 1978 年，这个牌子的啤酒年销售量达 2 000 万箱，仅次于 AB 公司的百威啤酒，在全美名列第二。

（资料来源：MBA 智库文档 http://doc. mba/b. com/rien/553c/8a5c5c8f3e47cc419fa3e97d33. html)

讨论题

米勒公司的市场定位策略的成功之处在哪里？

✖ 技能训练

1. 如果你开一家商店，你将经营什么产品？选用哪种标准、变量进行市场细分？如何选择目标市场？怎样进行市场定位？为什么？

2. 到企业进行市场调研，了解企业是如何进行市场细分、如何选择目标市场、怎样进行市场定位的。为什么？

🏴 任务探究

1. 你们的市场细分方案还有哪些不完善的地方？

2. 为什么说选择市场比盲目生产更重要？请举例说明。

项目二 营销策划

项目目标

一、知识目标

1. 掌握产品的相关定义
2. 了解产品组合策略
3. 了解产品定价策略和技巧
4. 掌握分销渠道策略
5. 了解促销的几种手段
6. 掌握营销组合策略

二、能力目标

1. 能进行合理的产品组合
2. 会进行简单的产品包装设计
3. 能制定合理的产品价格
4. 能选择合适的销售渠道
5. 会开展各种有效的促销活动
6. 能综合运用以上各种手段进行市场营销

项目背景

在前一个项目里我们成立了模拟营销公司，选举产生了公司经理、副经理，形成了正确的营销观念，制定了公司的规章制度，设立了分公司，引进了相关企业产品，进行了营销环境分析、市场细分，选择了目标市场，进行了市场调查与预测以及分析了购买者行为。在这个环节我们主要学习市场营销组合策略，主要包括产品的选择、价格的制定、销售渠道的选择、促销方案的制定这几方面，同时引进企业真实项目，制定出一套完整的市场营销组合策略，结合模拟营销公司的运作展开相关教学活动。

市场营销策略（简称"4P's"）是企业以顾客需要为出发点，根据经验获得顾客需求量以及购买力的信息、商业界的期望值，有计划地组织各项经营活动，通过相互协调一致的产品策略（Product）、价格策略（Price）、渠道策略（Place）和促销策略（Promotion），现代市场营销策略还要加上政治权利（Power）、公共关系策略（Public Relations），简称"6P's"，为顾客提供满意的商品和服务而实现企业目标的过程。

项目分解

任务一：分析营销产品

任务二：确定销售价格

任务三：寻找销售渠道

任务四：开展促销活动

任务一　分析营销产品

📄 任务描述

在正式开展营销活动之前首先要确定销售什么产品，为此要明确什么是市场营销中的产品整体概念，以及新产品的开发、产品生命周期理论、品牌策略、产品项目、产品线和产品组合等概念。为让学生全面学习产品策略（即 Product），因此结合模拟营销公司并引入企业真实产品，让学生们在自主、互动、创新的学习和研究环境中开阔视野、观察思考并快速成长。

📖 任务实施

步骤1：根据模拟公司确立的经营方向收集信息，构思新产品的概念。

_____

_____

步骤2：经过讨论筛选，确定新产品项目，制作产品实物或用课件模拟表达，为产品配置产品说明书，并进行产品组合。

_____

_____

步骤3：为新产品创设品牌名称和品牌标志。

_____

_____

步骤4：为新产品设计包装。

_____

_____

步骤5：分析产品生命周期。

_____

_____

· 61 ·

步骤6：召开新产品现场推广会，向外界推广自己的新产品。

步骤7：师生共同对各小组表现进行评价。

附：评分标准

1. 新产品开发（50%）
- 新产品的创意新颖，符合市场需求（10%）。
- 实物制作或课件表达效果良好（20%）。
- 产品说明书清晰、准确、指导性强（20%）。
2. 品牌创设（30%）
- 品牌名称：新颖别致，简洁易记（15%）。
- 品牌标志：立意准确，图案组合和谐、美观（15%）。
3. 现场推广会（20%）
- 发言人表现大方，语言流畅（10%）。
- 现场组织有序，整体效果良好（10%）。
4. 综合成绩（100%）
- 学生评委评分（40%）
- 教师评委评分（60%）

A：90分以上；B：80~89分；C：70~79分；D：60~69分；E：60分以下。
附评分表（表2－1）如下：

表2－1 新产品展示评分表

模拟公司名称	新产品开发（50%）			品牌创设（30%）		现场推广会（20%）		合计
	产品创意（10%）	产品的实用性（20%）	说明书（20%）	品牌名称（15%）	品牌标志（15%）	发言人表现（10%）	现场效果（10%）	

📁理论加油站

一、市场营销学中产品整体概念

人们通常理解的产品是指具有某种特定物质形状和用途的物品，是看得见、摸得着的东西。这是一种狭义的定义。而市场营销学认为，广义的产品是指人们通过购买而获得的能够满足某种需求和欲望的物品的总和，它既包括具有物质形态的产品实体，又包括非物质形态的利益，这就是"产品的整体概念"。

产品＝有形物品＋无形服务

现代市场营销理论认为，产品的整体概念包含核心产品、有形产品和延伸产品三个层次。如图 2 - 1 所示：

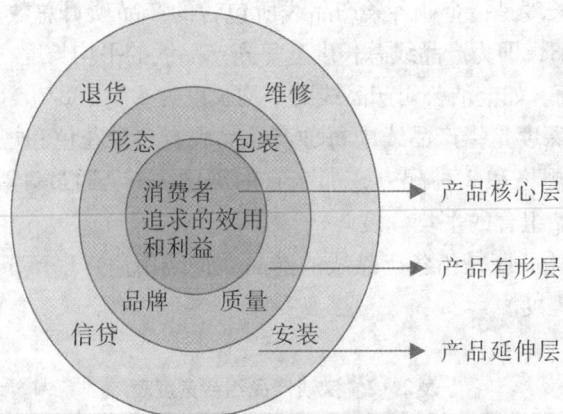

图 2 - 1　产品整体概念图示

1. 核心产品

核心产品是指消费者购买某种产品时所追求的利益，是顾客真正要买的东西，因而在产品整体概念中也是最基本、最主要的部分。消费者购买某种产品，并不是为了占有或获得产品本身，而是为了获得能满足某种需要的效用或利益。

2. 有形产品

有形产品是核心产品借以实现的形式，即向市场提供的实体和服务的形象。如果有形产品是实体品，则它在市场上通常表现为产品质量水平、外观特色、式样、品牌名称和包装等。产品的基本效用必须通过某些具体的形式才能得以实现。市场营销者应首先着眼于顾客购买产品时所追求的利益，以求更完美地满足顾客需要，从这一点出发再去寻求利益得以实现的形式，进行产品设计。

3. 附加产品

附加产品也叫"延伸产品"，是顾客购买有形产品时所获得的全部附加服务和利益，包括提供信贷、免费送货、质量保证、安装和售后服务等。附加产品的概念来源于对市场需要的深入认识。因为购买者的目的是为了满足某种需要，因此他们希望得到与满足该项需要有关的一切。美国学者西奥多·莱维特曾经指出："新的竞争不是发生在各个公司的工厂生产什么产品，而是发生在其产品能提供何种附加利益（如包装、服务、广告、顾客咨询、融资、送货、仓储及具有其他价值的形式）。"

二、产品组合的相关概念

（1）产品组合是指企业生产或销售的全部产品的结构或花色品种的组合，通常由若干产品线和产品项目构成，包括产品的宽度、长度、深度和关联度。

（2）产品线又叫"产品品类"，是指密切相关的满足同类需求的一组产品。

（3）产品项目是指因性能、规格、商标、式样等不同而区别于企业其他产品的任何产品，也就是在企业产品目录上列出的每一个产品。如，宝洁公司经营洗涤剂、牙膏、香皂等，其中香皂是一条产品线或一个产品品类，在这个品类中，舒肤佳便是产品项目。

（4）产品组合的宽度或广度是指一个企业所拥有的产品线的数目。

（5）产品组合的长度是指企业各条产品线所包含的产品项目总数。如下表（表2－2），宝洁公司产品总数为38，即为产品线总长度。每条产品线的平均长度，即全部产品品种，除以全部产品线所得的商。如宝洁公司产品线的平均长度为6.3（38/6≈6.3）品牌。

（6）产品组合的深度是指产品线中每种产品品牌有多少花色和规格。例如，宝洁公司的佳洁士牙膏有3种规格和2种配方，那么它的深度为6。通过计算每一个品牌的种数，还可得到宝洁公司产品组合的平均深度。

（7）产品组合的关联度是指各产品线的产品在最终用途、生产条件、分销渠道或其他方面相互关联的紧密程度。

表2－2　宝洁产品组合宽度表

	宝洁产品组合的宽度					
	洗涤剂	牙膏	香皂	除臭剂	果汁	润肤液
产品线长度	象牙雪	格里	象牙	秘密	橘山	奇异
	洁拂	佳洁士	柯柯	确信	阳光乐	诺克西玛
	汰渍	登魁	拉瓦		雪山	奥莉油
	快乐	凳奎尔	佳美		得克森	佳美
	奥克多		爵士		思碧农场	热带褐
	达士		舒肤佳			贝带丝雨
	大胆		海岸			
	吉恩					
	黎明					
	碧浪					
	艾拉					
	象牙水					
	液体汰渍					
	圭尾					

三、产品组合策略

产品组合策略是指根据企业的经营目标，对产品组合的宽度、深度、长度和关联度进行最优化的过程。企业在进行产品组合决策时，常用的策略主要有以下几种，如表2-3所示。

表2-3　产品组合策略

产品组合策略		内容
扩充产品组合策略		扩大产品组合的宽度和增加产品组合的长度、深度和关联度
缩减产品组合策略		缩小产品组合的广度或深度，实行集中经营
产品延伸策略	双向延伸	在原有的产品线内增加高档及低档产品项目
	向上延伸	在原有的产品线内增加高档次、高价格的产品项目
	向下延伸	在原有的产品线中增加低档次、低价格的产品项目

四、产品生命周期理论

产品生命周期是指产品从进入市场到被市场淘汰为止的全过程。如图2-2所示：

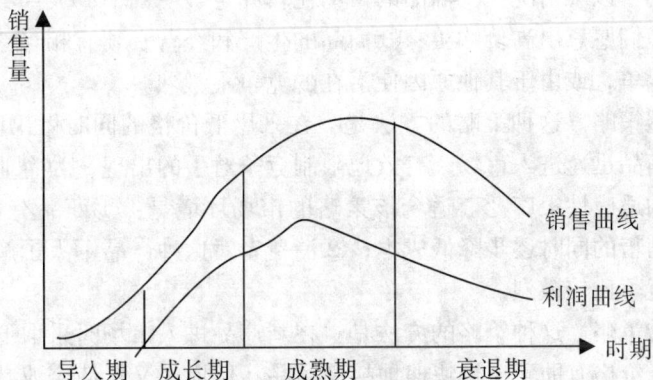

图2-2　产品生命周期图

（一）理解产品生命周期理论要注意的问题

（1）产品生命周期不同于产品的使用寿命。

（2）产品种类、产品形式与品牌的生命周期各不相同。

（3）产品生命周期各阶段的判定。

（4）产品生命周期及其各阶段的划分只说明产品在市场上发展的典型状态。

（二）生命周期各阶段的特点及其营销策略

1. 导入期市场营销策略

导入期开始于新产品首次在市场上普遍销售之时。新产品进入导入期以前，需要经历开发、研制、试销等过程。进入导入期的产品的市场特点是：产品销量少，促销费用高，制造成本高，销售利润常常很低甚至为负值。如表2-4所示：

表2-4 基于促销和价格因素的产品生命周期导入期的营销策略

		促 销 水 平	
		高	低
价格水平	高	快速掠取策略	缓慢掠取策略
	低	快速渗透策略	缓慢渗透策略

（1）快速掠取策略。这种策略的形式是：采取高价格的同时，配合大量的宣传推销活动，把新产品推入市场。其目的在于先声夺人，抢先占领市场，并希望在竞争还没有大量出现之前就能收回成本，获得利润。适合采用这种策略的市场环境为：①必须有很大的潜在市场需求量；②这种商品的品质特别高，功效又比较特殊，很少有其他商品可以替代。消费者一旦了解这种商品，常常愿意出高价购买；③企业面临着潜在的竞争对手，想快速地建立良好的品牌形象。

（2）缓慢掠取策略。这种战略的特点是：在采用高价格的同时，只用很少的促销努力。高价格的目的在于能够及时收回投资，获取利润；低促销的方法可以减少销售成本。这种策略主要适用于以下情况：①商品的市场比较固定、明确；②大部分潜在的消费者已经熟悉该产品，他们愿意出高价购买；③商品的生产和经营必须有相当的难度和要求，普通企业无法参与竞争，或由于其他原因使潜在的竞争不激烈。

（3）快速渗透策略。这种策略的方法是：在采用低价格的同时做出巨大的促销努力。其特点是可以使商品迅速进入市场，有效地限制竞争对手的出现，为企业带来巨大的市场占有率。该策略的适应性很广泛。适合该策略的市场环境是：①商品有很大的市场容量，企业可望在大量销售的同时逐步降低成本；②消费者对这种产品不太了解，对价格又十分敏感；③潜在的竞争比较激烈。

（4）缓慢渗透策略。这种策略的方法是：在新产品进入市场时采取低价格，同时不做大的促销努力。低价格有助于市场快速地接受商品；低促销又能使企业减少费用开支，降低成本，以弥补低价格造成的低利润或者亏损。适合这种策略的市场环境是：①商品的市场容量大；②消费者对商品有所了解，同时对价格又十分敏感；③存在某种程度的潜在竞争。

2. 成长期市场营销战略

商品的成长期是指新产品试销取得成功以后，转入成批生产和扩大市场销售额的阶段。这一阶段的特点是：顾客对产品已较为熟悉，分销渠道顺畅，产品销售量迅速增长，几乎直线上升，产品已经定型，生产工艺基本成熟，大批量生产能力形成，因而生产成本降低，利润大幅度增加，由此吸引大批竞争者加入，市场竞争加剧。

在商品进入成长期以后，有越来越多的消费者开始接受并使用该商品，企业的销售额直线上升，利润增加。在此情况下，竞争对手也会纷至沓来，威胁企业的市场地位。因此，在成长期，企业的营销重点应该放在保持并且扩大自己的市场份额，加速销售额上升的方面。此外，企业还必须注意成长速度的变化，一旦发现成长的速度由递增变为递减时，必须适时调整策略。这一阶段可以适用的具体策略有以下几种：

（1）积极筹措和集中必要的人力、物力和财力，进行基本建设或者技术改造，以利于迅速增加或者扩大生产批量。

（2）改进商品的质量，增加商品的新特色，在商标、包装、款式、规格和定价方面做出改进。

（3）进一步开展市场细分，积极开拓新的市场，挖掘新的用户，以利于扩大销售。

（4）努力疏通并增加新的流通渠道，扩大产品的销售面。

（5）改变企业的促销重点。例如，在广告宣传上，从介绍产品转为树立形象，以利于进一步提高企业产品在社会上的声誉。

（6）充分利用价格手段。在成长期，虽然市场需求量较大，但在适当时企业可以降低价格，以增强竞争力。当然，降价可能暂时减少企业的利润，但是随着市场份额的扩大，长期利润还可望增加。

3. 成熟期市场营销战略

商品的成熟期是指商品进入大批量生产，而在市场上处于竞争最激烈的阶段。通常这一阶段比前两个阶段持续的时间更长，大多数商品均处在该阶段，因此管理层也大多是在处理成熟期产品的问题。

其特点是：销售量达到顶峰，虽可能仍有增长，但增长速度缓慢，随着市场需求逐渐饱和，销售量甚至呈现下降趋势；同时生产量大，生产成本低，利润总额高但增长率降低；由于产品普及率高，市场需求减少，行业内生产能力出现过剩，市场竞争激烈。

在成熟期，有的弱势产品应该放弃，以节省费用开发新产品；但是同时也要注意到原来的产品可能还有其发展潜力，有的产品就是由于开发了新用途或者新的功能而重新进入新的生命周期的。因此，企业不应该忽略或者仅仅是消极地防止产品的衰退。一种优越的攻击往往是最佳的防卫。企业应该系统地考虑市场、产品及营销组合的修正策略。

（1）市场修正策略。即通过努力开发新的市场，来保持和扩大自己的商品市场份额。例如：①通过努力寻找市场中未被开发的部分，如，使非使用者转变为使用者；②通过宣传推广，促使顾客更频繁地使用或每一次使用更多的量，以增加现有顾客的购买量；③通过市场细分化，努力打入新的市场区划，如地理、人口和用途的细分；④赢得竞争者的顾客。

（2）产品改良策略。企业可以通过产品特征的改良来提高销售量。例如：①品质改良，即增加产品的功能性效果，如耐用性、可靠性、速度及口味等；②特性改良，即增加产品新的特性，如规格大小、重量、材料质量、添加物以及附属品等；③式样改良，即增加产品美感上的需求。

（3）营销组合调整策略。即企业通过调整营销组合中的某个因素或者多个因素，以刺激销售。例如：①通过降低售价来增强竞争力；②改变广告方式，以引起消费者的兴趣；③采用多种促销方式，如大型展销、附赠礼品等；④扩展销售渠道，改进服务方式或者货款结算方式等。

4. 衰退期市场营销战略

衰退期是指商品逐渐老化，转入商品更新换代的时期。当商品进入衰退期时，企业不能简单地一弃了之，也不应该恋恋不舍，一味维持原有的生产和销售规模。企业必须研究商品在市场上的真实地位，然后决定是否继续经营下去。

（1）维持策略。即企业在目标市场、价格、销售渠道和促销等方面维持现状。由于这一阶段很多企业会先行退出市场，因此，对一些有条件的企业来说，短期内销售量和利润并不一定会减少。使用这一策略的企业可配以商品延长寿命的策略。企业延长产品寿命周期的途径是多方面的，最主要的有以下几种：①通过价值分析，降低产品成本，以利于进一步降低产品价格；②通过科学研究，增加产品功能，开辟新的用途；③加强市场调查研究，开拓新的市场，创造新的内容；④改进产品设计，以提高产品性能、质量、包装和外观等，从而使产品寿命周期不断实现再循环。

（2）缩减策略。即企业仍然留在原来的目标市场上继续经营，但是根据市场变动的情况和行业退出障碍的水平在规模上做适当的收缩。如果把所有的营销力量集中到一个或者少数几个细分市场上，以加强这几个细分市场的营销力量，也可以大幅度地降低市场营销的费用，以增加当前的利润。

（3）撤退策略。即企业决定放弃经营某种商品以撤出该目标市场。在撤出目标市场时，企业应该主动考虑以下几个问题：①将进入哪一个新区划，经营哪一种新产品，可以利用以前的哪些资源；②品牌及生产设备等残余资源如何转让或者出卖；③保留多少零件存货和服务，以便在以后为过去的顾客服务。

五、产品品牌策略

（一）品牌与商标

1. 品牌的含义

品牌是厂商或经营者为自己生产经营的产品或服务所起的名称，用于区别不同经营者的产品，防止混淆，便于销售。品牌，俗称"牌子"、"厂牌"，它包括品牌名称、品牌标志。

（1）品牌名称。品牌名称是指品牌中能用语言称呼的部分。例如，可口可乐（饮料）、柯达（胶卷）和长虹（电视机）等。它主要产生听觉效果。

（2）品牌标志。品牌标志是指品牌中能被识别，但不能用语言直接称呼的部分。包括专门设计的符号、图案、色彩和文字等。例如，凤凰自行车的凤凰图案、迪士尼乐园的米老鼠和唐老鸭图案。它主要产生视觉效果。

2. 商标

商标是指按法定程序向商标注册机构提出申请，经审查予以核准后，被授予商标专用权的品牌或品牌中的一部分。商标受法律保护，任何人未经商标注册人的许可，皆不得仿效或使用。商标使用时应注册，用"R"或"注"明示，注册商标才享有其专用权。

品牌和商标既有联系又有区别。一个企业可以使用多种品牌，亦可使用多种商标，用以显示商品的特性，以区别于其他同类产品，这是共同点；但商标并不等于品牌，商标是将品牌图案化作为产品的记号，可以防止他人仿效，商标是品牌的法律用语。也就是说，注册商标是受到法律保护的品牌，属于企业的知识产权，构成企业无形资产的一部分。

在激烈的市场竞争中，商标不仅是消费购买的导向，也成为企业走向国际市场的"护照"，是企业参与市场竞争的重要手段。因此，充分认识商标在市场营销中的重要作用，并加强对商标的保护和管理，对维护企业的信誉、提高企业在市场上的竞争力有着重要的意义。关于商标的维护要做好以下几个方面的工作：

（1）执行商标注册制度，及时办理有关商标注册手续。凡是需要使用商标的商品，都要使用商标。根据我国《商标法》的规定，只有经过核准注册后的商标，才能享有商标专用权，并受到法律的保护。我国一些企业在这方面的意识较差，尤其是进行全球化经营战略的企业，刚准备进入国际市场却发现自己的品牌已被别的公司注册而贻误了商机。

（2）遵守《商标法》的规定，正确使用商标。所谓正确使用商标，就是指商标注册人应严格按照核准注册的文字和图形使用注册商标，并依照《中华人民共和国商标法实施细则》第二十六条的规定，标明"注册商标"四字，或标明"注"或"R"标记。对商标的印刷、使用、保管以及废弃商标标识的处理等都要建立严格的审查和管理制度，防止实际使用的商标图标样失真和商标标识的失散，以避免给商标侵权和假冒行为提供可乘之机。

（3）在转让注册商标时，注意维护商标的声誉。企业的商标许可他人使用时，一定要考虑使用者的技术水平和信誉，并要对被许可人进行严格的选择，以保护消费者的利益，维护商标的信誉。

（4）在进行广告宣传时，应加强对商标的宣传。加强对商标的广告宣传是企业自我保护商标权的重要手段。加强广告宣传，一是可以加深消费者对此商标的印象；二是可以增加消费者对所宣传商标产品的信任。

（5）注意他人对商标的侵权行为。应注意对商标侵权行为提起异议和诉讼。

（6）加强对商标的管理，建立商标档案。

（二）品牌命名的方法

1．效用命名

以产品的主要性能和效用命名，使消费者能迅速理解商品的用途和功效，便于联想和记忆，如"脑白金"等。

2．人物命名

以某一传奇人物、历史人物、产品发明或制造者以及对产品有特殊偏好的名人姓名命名，以此说明产品的品位和质量，提高产品知名度，如"张小泉"剪刀等。

3．产地命名

以产品产地命名，意在反映产品的历史渊源和天时地利之禀赋，使消费者由此产生美好的联想，如"上海"手表等。

4．吉利命名

以良好的祝愿、吉利的词语命名，既衬托商品的优良品质，又迎合消费者美好的愿望，激发愉悦的心情。如"好日子"、"金利来"等。

5．制造工艺命名

以商品的制造工艺命名，显示商品的独特制造工艺或艰苦研制过程，用以提高产品的品位，赢得消费者的信赖。

6. 形象命名

以动植物的形象或含有某种寓意的图案给商品命名，以烘托其优良品质和对目标顾客的适应性，并引发消费者的美好联想。如"小白兔"牙膏、"爽歪歪"饮料等。

7. 企业命名

以生产该产品的企业名称作为商品品牌，这主要适用于一些已在广大消费者心目中享有盛誉的著名企业，借助于企业的美誉，也可迅速提高产品的声誉。如"松下"电器、"长虹"彩电等。

8. 译音命名

商品进入国际市场，均须将原产国品牌名称以正确的译音进行命名，以便顺利进入别国市场。译音命名要求顺口、有趣、易产生联想和不产生歧义。如"Benz"（奔驰）汽车、"Goldlion"（金利来）西服等。

9. 数字命名

即用阿拉伯数字命名。如"555"香烟、"999"药品等。

（三）品牌设计的原则

1. 简洁醒目，易读易懂

品牌应使人在短时间内产生印象，易于理解、记忆并产生联想。

"康师傅"、"美加净"和"可口可乐"等品牌易记易理解，被誉为商品品牌的文字佳作。"M"这个很普通的字母，对其施以不同的艺术加工，就形成了表示不同商品的标记或标志：棱角圆润、鲜艳金黄色拱门的"M"是麦当劳的标记，给人以亲切之感，已出现在全世界73个国家和地区的数百个城市的闹市区，成为人们喜爱的快餐标志；而棱角分明、双峰突起的"M"是摩托罗拉产品的标志，突出了自己在无线电领域的特殊地位和高科技的形象。

2. 构思巧妙，暗示属性

品牌应是企业形象的典型概括，反映企业个性和风格，并产生信任。

Benz（本茨）先生作为汽车发明人，以其名字命名的奔驰车，100多年来赢得了顾客的信任，其品牌一直深入人心。那个构思巧妙、简洁明快、特点突出的圆形的汽车方向盘似的特殊标志，已经成为豪华优质高档汽车的象征。

3. 富蕴内涵，情意浓重

品牌可引起顾客强烈兴趣，诱发美好联想，产生购买动机。

红豆是一种植物，是人们常用的镶嵌饰物，是美好情感的象征。同时，"红豆"也是江苏红豆集团的服装品牌和企业名称，其英文是"Love seeds"（爱的种子）。提起它，人们就会想起王维的千古绝句和牵动人心的思乡及相思之情。红豆服装正是借助"红豆"这一富蕴中国传统文化内涵、情意浓重的品牌"红"起来的。

4. 避免雷同，超越时空

（1）品牌设计的雷同，是实施品牌运营的大忌。品牌运营的最终目标是通过不断提高品牌竞争力，超越竞争对手。如果品牌的设计与竞争对手雷同将永远居于人后，达不到最终超越的目的。在我国，由于企业的品牌意识还比较淡薄，品牌运营的经验还比较少，品牌雷同的现象非常严重。据统计，我国以"熊猫"为品牌名称的公司有 311 家，"海燕"和"天鹅"两个品牌分别有 193 家公司和 175 家公司在同时使用。

（2）超越空间的限制。超越空间的限制，意指品牌要超越地理、文化边界的限制。由于世界各国的历史文化传统、语言文字、风俗习惯、价值观念和审美情趣不同，对于一个品牌的认知、联想必然会有很大差异。若将"Sprite"直译成"妖精"，又有多少中国人乐于认购呢？而译成符合中国文化特征的"雪碧"，就比较准确地揭示了品牌标定产品的"凉、爽"等属性。我国的某些品牌如"白象"译成英语为"累赘"、"芳芳"译成英语为"毒牙"、"紫罗兰"译为"同性恋"等，给企业开拓国际市场带来一定的负面影响。

（四）品牌的作用

1. 品牌有利于消费者进行产品选择

品牌在消费者心目中是产品的标志，它代表着产品的品质和特色，同时它还是企业的象征，蕴含着企业的精神、经营特色和管理水平。因此，品牌能消除消费者的种种疑虑，缩短购买的决策过程。

2. 品牌是质量和信誉的保证

不同的品牌代表着不同的商品品质和不同的利益，反映了企业的目标市场定位和自身的追求。因此，消费者可以根据自己的实际需要选择商品或服务，可以获得质量和信誉保证。

3. 品牌是产品差异化的手段，有助于减少价格弹性，促进产品组合的扩展

品牌使某种产品与其他竞争产品的差异突显出来，使购买者往往不能从价格方面与其他同类产品相比较。因此，著名品牌商品比无品牌商品的价格弹性要小，使企业享有较高的利润空间。

4. 品牌决定和影响企业的竞争力

品牌，特别是名牌，具有巨大的市场开拓能力，可以形成超常的市场占有率和广泛的市场覆盖率；品牌具有产品的组合效应，当品牌有了知名度之后，即可以将主品牌进行延伸和组合，进一步扩散延伸品牌。品牌更重要的作用还在于可以采取多种方式进行扩张，通过采取兼并、控股、联营或允许他人使用自己的牌子等方式，扩大联盟，聚集优势，增加自身的实力。

5. 品牌是企业重要的无形资产

经过注册取得商标所有权的品牌，从法律定义上讲它是一种知识产权，凝聚着企业技术、管理、营销等方面的智力创造，受国际《马德里协定》保护，是企业享有的一种权利，包括专用权、使用许可权、继承权、转让权和法律诉讼权。从经济学角度讲，品牌又是与企业有形资产相对应的无形资产。这种无形资产在使用过程中，会因品牌管理和企业营销业绩的提升而不断增值，并可利用这一无形资产在不花任何实物投资的情况下进行扩张和延伸，兼并他人的资产。在现代市场经济环境下，以品牌无形资产进行虚拟经营来壮大自己、拓展市场已经是屡见不鲜的战略举措。

6. 品牌具有超值的创利能力

品牌具有良好的形象和声誉，成为名牌，会大大提高产品的附加值，使产品在满足消费者物质需要的同时，增加其精神方面的满足感，能够减少价格上升对需求的抑制作用，使企业获得超值的利益。如意大利的"老人头"牌真皮皮鞋,其零售价就是我国国产皮鞋的数倍;"金利来"领带一条300多元人民币,也是国内一般领带价格的几倍。

(五)品牌策略

品牌策略主要是指企业如何合理、有效地使用品牌,以达到一定的营销目标,主要包括品牌策略的选择和品牌管理两方面的内容。

1. 品牌策略的选择

(1)是否建立品牌策略。就是确定是否使用品牌的问题,一般有两种选择,即品牌化策略和无品牌策略。根据品牌功能的分析可以看出,在市场经济条件下,一般产品都应使用品牌,以利于增强产品的竞争力,培养顾客对品牌的忠诚度和树立企业形象。但是,为了节省品牌设计、广告和包装费用,降低产品的销售成本和销售价格,在下列情况下可以不用品牌:一是并不因为经营者不同而形成不同特性的产品,如原油、钢材、棉花等;二是生产工艺简单的产品;三是消费者习惯上不认品牌就选购的产品;四是企业临时或不打算长期经营的产品。

(2)品牌归属策略。一旦决定使用品牌,就要考虑使用谁的品牌。企业可以使用制造商的品牌、中间商的品牌,也可混合使用前两者的品牌。对于财力比较雄厚、生产技术和经营管理水平比较高的企业来说一般都力求使用自己的品牌。但在竞争激烈的市场条件下,短时间内创立一个有影响力的品牌并非易事,因此,企业也可考虑使用别人已有一定市场信誉的品牌。使用他人的品牌,好处在于:可以利用许可方的品牌信誉,迅速打开市场;获得许可方技术和管理方面的援助,利用许可方销售渠道的维修服务网络,减轻企业在这方面的压力;不承担或少承担产品广告宣传上的责任。但使用他人品牌,也存在一些风险和后顾之忧。比如,企业丧失了对产品销售价格的控制;双方协议期满后,如果许可方不愿再续订协议,企业可能会陷入销售困境;最大的损失则可能是丧失了创立自己品牌形象的机会。总之,企业应根据自身条件,综合考虑自创品牌和使用他人品牌的利弊,进行决策。

(3)品牌统分策略。就是确定企业的产品是使用一个品牌,还是按品种、类别分别采用不同的品牌。其主要策略有四种:

①统一品牌策略。即对企业的所有产品使用一个品牌,如美国的"GE"、日本的"松下"、我国的"长虹"等。这种策略的主要优点是节省广告促销费用,加速新产品的推广,也有利于扩大品牌影响和强化企业形象。缺点是任何一种产品的失误都会影响其他产品甚至整个企业的声誉。

②个别品牌策略。即对企业的各种不同产品分别使用不同的品牌。如宝洁的洗发液有海飞丝、飘柔、潘婷、沙萱等不同品牌;洗衣粉有汰渍、奥妙等不同品牌。这种策略的优点是将个别产品的成败与其他产品和整体企业的声誉区分开来,还可以区分不同种类、不同档次的产品。缺点是广告宣传费用大、成本高和力量分散,不利于创建名牌。

③分类品牌。即按产品类别或产品线分别使用不同的品牌。这种策略介于统一品牌和个别品牌之间,能将不同类别的产品明显地区分开来,主要适用于经营产品类别多、性能和质量有较大差异的企业。

④主副品牌策略。这是指同一产品使用一主一副两个品牌的做法。海尔集团用"海

尔"作为主品牌，来涵盖企业生产制造的系列产品，同时又给不同产品起生动活泼、富有魅力的名字作为副品牌，以主品牌展示系列产品的社会影响力，而以副品牌突显各个产品不同的个性形象，这就是主副品牌策略的成功运用。副品牌的命名应注意以下几个方面：

A. 注意主、副品牌的协调性。主品牌是副品牌的根基，副品牌是主品牌的延伸，两者是相互联系的一个有机体。比如"长虹—红太阳"、"长虹—红双喜"、"康佳—福临门"等都相互呼应，给人一种自然和谐之感。

B. 副品牌要有联想功能。主品牌往往不能表述商品的功能、特质，而副品牌则通过高度提炼，能产生画龙点睛之效。如美的空调用"星座"系列命名——"冷静星"、"超静星"、"智灵星"、"健康星"等。这个命名方法的好处在于：同明星相连，突出优秀之品；星代表宇宙、科技，突出领先之质；星是冷色调，代表夜晚、安静、凉爽，突出功能之效。

C. 副品牌的"三易"、"三化"。易读、易认、易记和口语化、通俗化、个性化，是副品牌命名的重要原则。如"海尔—即时洗（洗衣机）"、"乐百氏—健康快车（饮料）"、"红心—小厨娘"（电饭煲）听起来顺耳，记起来容易，传起来快捷。

D. 副品牌要突显时代感和冲击力。主品牌内涵较单一，甚至根本没有意义，如海尔、索尼等，用于多种家电都不会有认知和联想上的障碍。副品牌则是竞争的产物，反映时代特征、迎合消费时尚、体现产品特质等是其基本使命，在副品牌设计时要考虑能给消费者以强烈的听觉、视觉冲击力，有利于从众多品牌中脱颖而出，在市场上形成巨大的震撼作用。如"海信—智能王"、"康佳—镜面"、"东芝—火箭炮"、"TCL—王牌"等都是极富冲击力的"副品牌"。

（4）品牌延伸策略。品牌延伸策略就是利用成功的品牌声誉和潜在价值来推出新产品和新的产品系列。如"娃哈哈"从儿童专用营养液延伸到 AD 钙奶、八宝粥和纯净水等。品牌延伸可以加快新产品的推广，节省宣传促销费用，也有利于原品牌影响力的提高。

品牌延伸可以大幅度降低广告宣传等促销费用，使新产品迅速、顺利地进入市场。这一策略如果运用得当，将有利于企业的发展和壮大。然而，品牌延伸未必就一定能成功。另外，品牌延伸还可能淡化甚至损害品牌原有的形象，使品牌的独特性被逐步遗忘。所以，企业在品牌延伸决策上应谨慎行事，要在调查研究的基础上，分析、评价品牌延伸的影响，在品牌延伸过程中还应采用各种措施尽可能地降低对品牌的冲击。

（5）品牌重新定位策略。品牌的重新定位是指由于某些市场情况发生变化，而对产品品牌进行重新定位。企业在进行品牌重新定位策略时，要考虑两方面的因素：第一，产品品牌从一个细分市场转移到另一个细分市场的费用。重新定位的距离越远，重新定位的费用越高。第二，企业定位于新位置的品牌能获得多少收益。收益多少取决于此细分市场的顾客数量、平均购买率、竞争者的实力及数量等。企业应对各种品牌重新定位方案进行分析，权衡利弊，从中选优。

2. 品牌管理

品牌管理是企业营销管理的重要内容，只有维护、管理好自己的品牌，才能保住市场，达到企业的目标。

（1）核心品牌的管理。核心品牌是企业中占有主导地位的品牌，是企业形象的综合体现。很多企业都是以核心品牌闻名于世的，如五粮液有尖庄、金六福、五粮醇和五粮春等多种品牌，但五粮液是核心品牌。有的企业只有一个品牌，如柯达、耐克、麦当劳，自然也只有一个核心品牌。

管理核心品牌就是要着力塑造、重点突出、整体推进，加大核心品牌的推广投入，并将核心品牌与分品牌加以区别，在推广分品牌时，同时推出核心品牌与之呼应。

（2）品牌的延伸管理。品牌延伸是指借助成功的品牌，推出新产品的过程。海尔集团的"海尔"品牌延伸到冰柜、洗衣机、彩电、小家电和通信领域，是一个不断推出新产品的过程。品牌延伸管理要把握延伸的产品定位与品牌定位的一致性。

（3）完善品牌管理系统。品牌管理要设置相应的组织机构，专职进行品牌管理，其中包括：①营销管理组织中设立品牌管理经理。品牌经理的职能主要有：A. 制定企业品牌发展战略；B. 制定品牌管理策略；C. 制定品牌管理实施方案；D. 监督和控制品牌战略的实施。②实施品牌监控。其内容包括：A. 实施品牌预警，通过对品牌生存市场的环境监控，分析出品牌的生存指数、发展指数和危机指数；B. 进行品牌跟踪，主要是对品牌的知名度、美誉度、忠诚度的变化情况进行监控，并跟踪竞争者的品牌变化，与自己的品牌做对比分析；C. 建立品牌档案，品牌跟踪将产生大量数据、情报和信息，这就要储存数据，建立品牌信息系统，以备对品牌进行诊断分析；D. 品牌诊断，在品牌档案的基础上，对数据、信息进行分析，寻找品牌在市场中存在的优势、劣势、机会和威胁，作为对品牌及时调整和控制的基础，达到品牌影响力不断提升的目的。

六、产品包装策略

（一）产品包装的概念和作用

1. 包装的概念

包装是采用适当的包装材料和包装容器，施以一定的科学技术手段，将产品包封，并加上适当的装潢和标志。它是产品整体概念的重要组成部分，也是产品生产的延续，产品只有经过包装才能进入流通领域实现交易。

在产品包装上还要带有标签。标签一般印有包装内容和产品所包含的主要成分、产品质量等级、生产日期、使用方法、企业名称、商标及其他牌号标志，食品、药品等产品还要标明保质有效期，有些标签还印有彩色图案或实物照片，以促进销售。

2. 包装的作用

随着市场经济的发展和科学技术的进步，包装的方法和技术已演变成一门专门的学科。包装对产品销售的重要性与日俱增，成为企业重要的竞争工具。在现代市场营销活动中，包装的作用主要表现在以下几个方面：

（1）保护产品，便于储运。这是包装最基本的作用。包装的主要目的，就是要使产品从生产者到消费者的转移过程中，防止因碰撞、挤压、冲击、震动和硬物擦划以及各种自然因素影响，而遭到残缺、散失、滴漏、挥发、变质、污染及虫蛀等，以保证产品的安全、完整和清洁卫生。同时也为产品的储存、运输、陈列、销售、携带和使用带来方便。因此，除了沙石、煤炭、原木等部分产品受外界影响小而不用包装外，其他绝大多数产品都需要包装来加以保护。

（2）方便使用，指导消费。企业根据不同消费者的习惯和要求，对不同的产品进行合理包装，能方便消费者使用。同时，对有关产品的构成成分、性能特点、用途功效、用法用量、注意事项、体积重量、质量等级、保存方法、生产日期和厂名地址等，在包装上用文字、图形做介绍说明，可为指导消费者正确地操作和使用带来方便。另外，包装上的条形码是产品的"身份证"，它不仅能方便产品的管理和销售，而且能防止消费者误购假冒伪劣产品。

（3）美化产品，促进销售。"包装是无声的推销员"，良好的包装能够以其独特的外形、丰富的色彩和图案吸引消费者，引起消费者的注意，充分显示内装商品的特色，给消费者一个良好的第一印象，激起消费者的购买欲望，从而起到促进销售的作用。一个优秀产品如果没有一个精美的包装与之相配，就会降低"身价"，削弱竞争力，企业也就难以提高经济效益。

（二）常用的包装方法

（1）防霉腐包装。防霉腐包装方法就是改变内装商品的环境条件，从而达到抑制或杀灭微生物、防止内装物霉变腐烂和保护商品质量的目的。常用的有耐低温包装、防潮包装等。

（2）防锈蚀包装。这是一种防止被包装的金属制品锈蚀的方法。常用的方法有涂油防锈包装、可剥性塑料封存包装等。

（3）防虫害包装。这种包装是根据昆虫的生活特征和生长繁殖规律，采用适当的包装材料和方法，以破坏其正常的生存条件，扼杀和抑制其生长繁殖。

（4）危险品包装。这种包装就是根据危险品的特点，按照有关法令、标准和规定专门设计的包装。在其包装上，尤其在运输包装上必须标明不同类别和性质的危险货物的标志。

（5）销售包装。即直接与产品接触的盒、瓶、罐、袋等包装。主要是方便陈列、销售、携带和使用。

（6）运输包装。即加在内包装外面的箱、桶、筐、袋等包装。主要是为了保护产品和方便储存及运输。

（三）包装的设计

包装要起到它应有的作用，设计是关键。包装的设计要遵循以下原则：

1. 保护产品，造型美观

设计产品包装，首先要能保护产品。因此，设计应科学，要能保证产品在运输和储存中不受损。同时，包装的造型要美观大方、生动形象，图案设计要新颖，能对消费者产生吸引力。

2. 经济实用

包装设计要尽可能做到既能节约包装费用又能节约储运费用，而且使用方便。经济实用的含义是指选用的包装材料要尽量便宜；设计多用途和多次使用的包装；尽可能合理地利用包装空间；讲求实用，避免过分精美的包装；使用方便等。

3. 与产品的价值相符合

由于产品的包装已成为产品的一部分，所以产品包装必须与产品价值相符合。"一等产品，二等包装"固不可取，但是不考虑产品内容、用途和销售对象，而单纯追求包装装潢的精美华丽，以此来吸引消费者，其结果往往是主次颠倒、弄巧成拙。

4. 显示出产品的特点

要能够从包装的图案、形状和色彩等方面显示出产品的特点和独特风格。例如，化妆品的包装要色彩艳丽、造型优美、装潢雅致；贵重工艺品的包装要材质华贵、造型独特、装潢富丽；儿童品的包装要五彩缤纷、活泼美丽；食品的包装要喜庆吉祥，以吸引消费者购买。

5. 选用符合产品性质和消费者心理的色彩

色彩对于人们的兴趣、爱好等心理活动有很大的调节作用。因此，产品包装装潢的设计要注意选用适当的颜色，要考虑不同年龄、不同地区、不同民族对色彩的不同喜好。

6. 文字设计一目了然

有些产品的性能、使用方法、使用效果常常不能直观显示，而需要用文字加以说明。包装上文字的设计，要抓住消费者对不同产品的不同心理，以指导其消费。如药品类产品要说明成分、功效、服用量、禁忌及是否有副作用等；服装类产品应说明材料、规格、尺码、洗涤方式和保养方法等。

7. 符合销售地的风俗习惯

因为不同国家和地区的宗教信仰、风俗习惯、文化背景和地理环境不同，所以在产品包装上应避免出现一些禁忌。比如：日本忌用荷花，法国忌用墨绿色等。

（四）包装策略

1. 类似包装策略

指企业生产的各种产品在包装上采用相同的图案、相近的颜色，体现出共同的特点，也叫"产品线包装"。此策略可节约设计和印刷成本；易树立企业形象，提高企业声誉及推销新产品。

2. 等级包装策略

（1）不同质量等级的产品分别使用不同的包装，表里一致，即高档产品采用优质包装，普通产品采用一般包装。

（2）同一商品采用不同等级的包装，以适应不同购买力水平或不同购买心理的顾客。

3. 分类包装策略

指企业各种产品都有自己独特的包装，设计上采用不同风格、不同色调和不同材料。此策略不会因某一种商品的营销失败而影响其他商品的市场声誉，但增加了包装设计费用。

4. 配套包装策略

指企业将几种相关的商品组合配套包装在同一包装物内。此策略方便消费者购买、携带和使用，有利于带动多种产品销售及新产品进入市场。

5. 再使用包装策略

指包装物内的商品用完之后，包装物本身还可用作其他用途。此策略通过给消费者额外的利益而扩大销售，同时包装物的再使用可起到延伸宣传的作用。

6. 附赠品包装策略

指在包装物内附有赠品以诱发消费者重复购买，这是一种有效的销售促进方式。

7. 更新包装策略

指企业的包装策略随市场需求的变化而改变的做法。这可以改变商品在消费者心目中的地位，进而收到迅速恢复企业声誉之佳效。

品牌是厂商或经营者为自己生产经营的产品或服务所起的名称，用于区别不同经营者的产品，表明产品的归属。品牌是一个集合的概念，它是由多种要素组合而成的，包括品牌名称、品牌标志和商标等。产品包装是产品整体的又一个重要组成部分。常用的包装策略主要有类似包装、配套包装、再使用包装、附赠品包装和更新包装等策略。

七、新产品策略

（一）新产品的概念及类型

新产品是指在技术、结构、性能、材质和工艺等方面比原来的产品有明显的提高或改进的产品。常见的新产品类型有以下四种：

（1）完全创新的产品：指采用新原理、新技术和新材料研制出来的市场上从未有过的产品。

（2）换代新产品：指产品的基本原理不变，产品部分采用新材料、新零件或新技术，使原有产品的功能和性能有显著改变的产品。

（3）改革新产品：指在品质、构造、形状和包装等不同方面对原有产品进行改进的产品。

（4）仿制新产品：指对市场上已有的产品进行局部的改进和创新，但保持基本原理和结构不变而仿制出来的产品。

（二）新产品开发的重要意义

（1）产品生命周期理论要求不断开发新产品。

（2）开发新产品是适应需求不断变化的需要。

（3）企业开发新产品是其保持市场竞争优势的重要条件。

（4）科学技术的发展推动企业不断开发新产品。

（5）新产品开发有利于充分利用企业的资源和生产能力，增强企业活力。

（三）新产品开发的原则

（1）新产品必须有市场潜力。

（2）企业必须具有开发和生产新产品的能力。

（3）新产品开发必须和开发管理并重。

（四）新产品开发的主要问题

（1）缺乏大量有效的新产品构思。

（2）资金短缺。

（3）市场细分导致市场难以达到必要的市场规模。

（4）激烈的市场竞争使新产品开发的风险增大。

(5) 仿制和假冒产品迅速出现，将会给新产品的开发效益带来很大损失。

（五）新产品开发的内容和方式

1. 新产品开发的内容

(1) 品种开发。

(2) 品质开发。

(3) 功能开发。

(4) 外形开发。

2. 新产品开发的方式

(1) 独立研制。

(2) 技术协作。

(3) 购买产品成果。

(4) 引进国外技术。

(5) 购买专利。

(6) 特许经营。

（六）新产品开发的趋势

(1) 多功能化。

(2) 新产品的技术含量不断提高。

(3) 新产品多样化。

(4) 新产品更美观、更舒适、更适用。

(5) 节能与生态平衡化。

（七）新产品开发的程序

(1) 新产品构思。

(2) 筛选。

(3) 产品概念的形成。

(4) 拟定市场营销战略。

(5) 商业分析。

(6) 商品试制。

(7) 市场试销。

(8) 申请新产品鉴定阶段。

(9) 适量投放。

一个完整的新产品的开发过程要经历八个阶段：构思产生、构思筛选、概念发展与测试、营销规划、商业分析、产品实体开发、试销和商品化。

(1) 新产品构思的产生。进行新产品构思是新产品开发的首要阶段。构思是创造性思维，即对新产品进行设想或创意的过程。缺乏好的新产品构思已成为许多行业新产品开发的瓶颈。一个好的新产品构思是新产品开发成功的关键。企业通常可从企业内部和企业外部寻找新产品构思的来源。公司内部人员包括：研究开发人员、市场营销人员、高层管理者及其他部门人员。这些人员与产品的直接接触程度各不相同，但他们的共同点是都熟悉公司业务的某一个或某几个方面，对公司提供的产品较外人有更多的了解与关注，因而往往能针对产品的优缺点提出改进或创新产品的构思。企业可寻找的外部构思来源有：顾客、中间商、竞争对手、企业外的研究和发明人员、咨询公司及营销调研公司等。

（2）构思筛选。新产品的构思筛选是采用适当的评价系统及科学的评价方法对各种构思进行分析比较，从中把最有希望的设想挑选出来的一个过滤过程。企业在这个过程中，力争做到除去亏损最大和必定亏损的新产品构思，选出潜在盈利大的新产品构思。构思筛选的主要方法是建立一系列评价模型。评价模型一般包括：评价因素、评价等级、权重和评价人员。其中确定合理的评价因素和给每个因素确定适当的权重是评价模型是否科学的关键。

（3）新产品概念的发展和测试。新产品构思是企业创新者希望提供给市场的一些可能的新产品设想，新产品设想只是为新产品开发指明了方向，必须把新产品构思转化为新产品概念才能真正指导新产品的开发。新产品概念是企业从消费者的角度对产品构思进行的详尽描述。即将新产品构思具体化，描述出产品的性能、具体用途、形状、优点、外形、价格、名称和提供给消费者的利益等，让消费者能一目了然地识别出新产品的特征，因为消费者不是购买新产品构思，而是购买新产品概念。新产品概念形成的过程亦即把粗略的产品构思转化为详细的产品概念。任何一种产品构思都可以转化为几种产品概念。新产品概念的形成来源于针对新产品构思提出问题的回答，一般通过对以下三个问题的回答，可形成不同的新产品概念。即，谁使用该产品？该产品提供的主要利益是什么？该产品适用于什么场合？

（4）制定营销战略计划。对已经形成的新产品概念制定营销战略计划是新产品开发过程的一个重要阶段。该计划将在以后的开发阶段中不断完善。营销战略计划包括三个部分：第一部分是描述目标市场的规模、结构和消费者行为，新产品在目标市场上的定位，市场占有率及前几年的销售额和利润目标等；第二部分是对新产品的价格策略、分销策略和第一年的营销预算进行规划；第三部分则描述预期的长期销售量和利润目标以及不同时期的营销组合。

（5）商业分析。商业分析的主要内容是对新产品概念进行财务方面的分析，即估计销售量、成本和利润，判断它是否满足企业开发新产品的目标。

（6）产品实体开发。新产品实体开发主要解决产品构思能否转化为在技术上和商业上可行的新产品这一问题。它是通过对新产品实体的设计、试制、测试和鉴定来完成的。根据美国科学基金会的调查，新产品开发过程中的产品实体开发阶段所需的投资和时间分别占总开发费用的30%、总时间的40%，且技术要求很高，是最具挑战性的一个阶段。

（7）新产品试销。新产品市场试销的目的是对新产品正式上市前所做的最后一次测试，且该次测试的评价者是消费者的货币选票。通过市场试销将新产品投放到有代表性的地区的小范围目标市场进行测试，企业才能真正了解该新产品的市场前景。市场试销是对新产品的全面检验，可为新产品是否全面上市提供全面、系统的决策依据，也为新产品的改进和市场营销策略的完善提供启示，有许多新产品是通过试销改进后才取得成功的。新产品市场试销的首要问题是决定是否试销，并非所有的新产品都要经过试销，可根据新产品的特点及试销对新产品的利弊分析来决定。如果决定试销，那么接下来是对试销市场的选择。所选择的试销市场在广告、分销、竞争和产品使用等方面要尽可能地接近新产品最终要进入的目标市场。第三步是对试销技术的选择,常用的消费品试销技术有:销售波测试、模拟测试、控制性试销及试验市场试销。工业品常用的试销方法是产品使用测试,或通过商业展览会介绍新产品。对新产品试销过程进行控制是第四步,对促销宣传效果、试销成本、试销计划的目标和试销时间的控制是试销人员必须要把握的重点。最后是对试销信息资料的收集和分析。如,消费者的试用率与重购率,竞争者对新产品的反应,消费者对新产品性能、包装、价格、分销渠道和促销等的反应。

(8)商业化。新产品商业化阶段的营销运作,企业应在以下几个方面慎重决策:①何时推出新产品。针对竞争者的产品而言,有三种时机选择。即首先进入、平行进入和后期进入;②何地推出新产品;③如何推出新产品。企业必须制定详细的新产品上市的营销计划,包括营销组合策略、营销预算、营销活动的组织和控制等。

如图2-3所示:

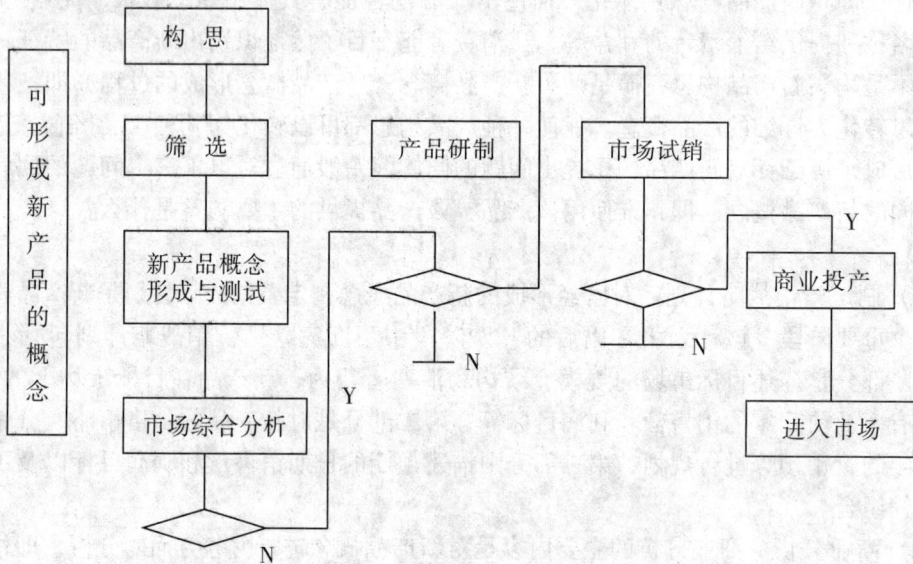

图2-3 新产品开发的程序

(八)新产品开发的策略

为了成功地开发新产品,企业可以根据自身的条件,采取不同的开发策略,来完成企业新产品的开发工作。

(1)抢占市场策略。

(2)技术领先策略。

(3)迟人半步策略。

(4)差异化策略。

(5)超越自我策略。

(6)借脑生财策略。

(7)市场扩散策略。

📁案例分析

案例 2 - 1

美的集团的新产品品牌策略

"美的集团"是广东美的集团有限公司的简称。1980 年时，它还只是广东省顺德县一个小镇上的小作坊。"美的"创业之初，其条件并不是很好。在全国数百家电风扇厂中，论设备和技术，"美的"是弱者；论生产电风扇的历史，"美的"的历史是较短的。但是，"美的"人并不因此而裹足不前，相反，他们敢于开拓，敢为人先。该公司在全国电风扇大战中，率先采用塑料外壳代替金属外壳，大大降低成本，使其在激烈的竞争中杀出一条生路。此时，"美的"在市场风浪的搏击中逐渐意识到市场需求在不断发生变化，电风扇产品不应是公司的唯一产品。随着人们生活水平的提高，空调必将是其替代品，应该及早开发和生产自己的空调产品。空调是高科技产品，是高层次享受的象征，而自己原来的形象显然过于落后，应当树立一个全新的形象。于是，1984 年公司开始全面实施它的品牌战略。他们首先从企业的名称"美的"入手。"美的"美在其真善美，美在巧妙。它作为企业、产品和商标"三位一体"的统一名称，用于表述产品质量优和企业形象美恰如其分，定能博得市场大众的认可。

"美的"的决策者还充分考虑到这个名称足以涵盖各种产品、各行各业和国内国际市场。它是一种"美的事业"，它的形象给社会公众和消费者以亲切感、优美感、愉悦感，并使人产生无尽的联想。其次，美的集团在沟通策略上，提高了广告和促销活动的档次，突出品位高、质量高，目标是造就名牌和树立一流企业形象。它除了在全国主要报刊和中央电视台做广告外，还推出由巩俐代言的电视广告片，其核心是突出"美的"是以"创造完美"作为企业精神和经营理念的。"美的"人把创造美渗透到每一个空间，贯穿于全员行动，见诸一切媒体，同其企业文化水乳交融。该集团的建筑文化、广告文化、销售文化和车间班组文化均显其特色。"美的"CIS 中的标准色为蓝、白二色，犹如蓝天白云。美的工业城的现代建筑群、写字间、标牌、名片、办公用具、事务用品、运输工具、包装设计、食堂餐具和洗手间等等，皆是一体的蓝白相间的色调，同其生产的"美的风扇"、"美的空调"等产品色泽相谐，给人赏心悦目、清凉优雅的感觉。这样精心的设计对于消费者来说，不能不产生一种挡不住的诱惑，从而对该企业及其产品油然产生一种好感。

讨论题

1. "美的"品牌名称有何特色？

2. 从"美的风扇"到"美的空调"，美的公司采用的是哪一种品牌决策？这种品牌决策有何优缺点？

✖技能训练

深圳市康王保健产品有限公司（简称"康王集团"）是一家以专业研发、制造及销售各类保健器材用品、健身器材为主的高新技术企业。近年来致力于打造"中国小型保健器材第一品牌",其系列产品均以绿色保健为选择依据,针对老年、中年和青少年共开发有多条产品线,近百种产品,设置全面丰富,产品涵盖居家、旅行、美容、养生和保健等层面,适用于车友、网友、学生、办公一族和时尚人士等广大消费群体,体现了"由头到脚均能呵护,由老及少皆可消费"的营销理念。康王集团的系列产品如表2-5所示。

表2-5 康王集团的系列产品

内容	夕阳红系列	正当年系列	倍康健系列
目标顾客	主要针对60岁以上的老年人	主要针对45~59岁的中年人	主要针对44岁以下的青少年
	理疗仪 血糖仪 血压计 气血循环机 腰椎治疗仪 颈椎治疗仪 锗、钛长寿健康手环	足底按摩鞋 颈椎按摩枕 家车两用按摩靠垫 家车两用按摩枕 微电脑小型按摩椅 去皱美容仪 颈椎/腰椎理疗仪	护眼仪 矫姿带 迷你按摩棒 电子面膜 减肥腰带 瘦身鞋 矫姿鞋 美腿仪 丰胸贴

任务探究

1. 你所在的小组选择的产品的核心部分、形式和延伸部分分别是什么?

2. 为你所在小组的产品制作产品宣传手册。

3. 为什么说21世纪市场的竞争是品牌的竞争?

4. 结合我国品牌营销实践,谈谈如何进行品牌延伸。

任务二 确定销售价格

任务描述

价格（Price）是公司经营者最重要的决策之一，是市场营销组合中唯一为公司提供收益的因素，是市场竞争中的一种重要手段。在大多数情况下，就商品型产品而言，价格一直是购买者选择的主要决定因素。定价是否得当，将直接关系到产品的销售量和公司的利润额。确定合理的定价和价格政策，是各类公司经营者所面临的具有现实意义的重大策划课题。本环节就是通过学习产品定价策略对上一任务选定的产品制定合理的销售价格。

任务实施

步骤1：选择模拟公司中进行定价的特定产品，并按照定价的程序对产品进行定价。

_____

_____

步骤2：按照定价程序撰写定价的相关说明文字。

_____

_____

步骤3：召开产品价格新闻发布会，各模拟公司分别介绍产品的价格。

_____

_____

步骤4：对其他公司的产品价格进行比较评价。

_____

_____

步骤5：师生对各小组的表现进行互评。

_____

_____

_____

附：评分标准

1. 产品定价（50%）

• 定价程序（10%）：是否完整、清晰和有逻辑性。

• 定价目标（10%）：定价的目标是否合理实际，是否符合企业总体的营销目标。

• 情况分析（15%）：对产品成本、市场需求和竞争者状况的分析是否全面准确。

• 定价策略（15%）：使用的定价策略和方法是否合理，是否符合实际情况。

2. 现场介绍（50%）

- 发言人表现（10%）：发言人表现大方，语言流畅，表述完整，适当运用演讲技巧。
- 现场答辩（20%）：发言人对现场观众的提问进行答辩。
- 观众意向（20%）：现场观众进行投票，看是否能接受该产品的价格。

3．综合成绩（100%）

- 说明文字部分由教师完成评分（50%）
- 现场介绍部分由各公司代表完成评分（50%）

A：90分以上；B：80～89分；C：70～79分；D：60～69分；E：60分以下。

附评分表（表2－6）如下：

表2－6　模拟公司商品定价评分表

模拟公司名称	产品定价（50%）				现场介绍（50%）			合计
	定价程序（10%）	定价目标（10%）	情况分析（15%）	定价策略（15%）	发言人表现（10%）	现场答辩（20%）	观众意向（20%）	

🗀 理论加油站

所有营利性组织和许多非营利性组织都必须为自己的产品或服务定价。在营销组合中，价格是唯一能创造收益的因素；其他因素都表现为成本。价格是最容易调节的营销组合因素，同时也是企业或产品或品牌的意愿价格同市场交流的纽带。价格通常是营销产品销售的关键因素，是营销成功与否的决定性因素之一。

一、价格的定义及构成

（一）价格的定义

从最狭义的角度来说，价格是对一种产品或服务的标价；从广义的角度来看，价格是消费者在交换中所获得的产品或服务的价值。历史上，价格是通过买卖双方的协商来确定的。价格并非一个数字或一种术语，它可以以许多名目出现，大致可以分为商品的价格和服务的价格两大类。商品的价格是各类有形产品和无形产品的价格，货物贸易中的商品价格称为"价格"；服务的价格是各类有偿服务的收费，服务贸易中的商品价格称为"费"，如运输费或交通费、保险费、利息、学费、服务费、租金、特殊收费、贿赂、薪金、佣金和工资等。

（二）价格的构成

商品价格的形成要素及其组合，亦称"价格组成"。它反映商品在生产和流通过程中物质耗费的补偿，以及新创造价值的分配，一般包括生产成本、流通费用、税金和利润四个部分。如下式：

$$价格 = 生产成本 + 流通费用 + 税金 + 利润$$

生产成本和流通费用构成商品生产和销售中所耗费用的总和，即成本。这是商品价格的最低界限，是商品生产经营活动得以正常进行的必要条件。生产成本是商品价格的主要组成部分。构成商品价格的生产成本，不是个别企业的成本，而是本行业（部门）的平均成本，即社会成本。流通费用包括生产单位支出的销售费用和商业部门支出的商业费用。商品价格中的流通费用是以商品在正常经营条件下的平均费用为标准计算的。

税金和利润是构成商品价格中盈利的两个部分。税金是国家通过税法，按照一定标准，强制性地向商品的生产经营者征收的预算缴款。按照税金是否计入商品价格，可以分为价内税和价外税。利润是商品价格减去生产成本、流通费用和税金后的余额。按照商品生产经营的流通环节，可以分为生产利润和商业利润。

不同类型的价格，其构成的要素及其组合状态也不完全相同。例如，工业品出厂价格由产品的生产成本加利润、税金构成；工业品零售价格由工业品批发价格加零售企业的流通费用、利润和销售税金构成。这两种价格的各个要素所占的比重也略有不同，如工业品出厂价格中利润所占的比重一般要高于工业品零售价格中的利润比重。

二、企业制定价格需考虑的因素

价格策略是企业营销组合的重要因素之一，它直接决定着企业市场份额的大小和盈利率的高低。企业的定价决策受企业内部因素的影响，也受外部环境因素的影响（见图2-4）。随着营销环境的日益复杂，制定价格策略的难度越来越大，不仅要考虑成本补偿问题，还要考虑消费者的接受能力和竞争状况。

图2-4 影响定价决策的因素

（一）影响定价决策的内部因素

1. 营销目标

产品的定价要遵循市场规律，讲究定价策略，而定价策略又是以企业的营销目标为转移的，不同的目标决定了不同的策略和不同的定价方法和技巧。同时，价格策略作为企业实现经营目标的手段，直接影响企业的经营成效，具体表现在不同的价格水平会对企业的利润、销售额和市场占有率产生不同的影响。因此，企业在实施定价策略时，要结合企业内部情况，目标市场的经济、人文情况及竞争对手情况，根据对企业的生存和发展影响最大的战略因素来选择定价目标。

2. 营销组合战略

由于价格是市场营销组合的因素之一，产品定价时要注意价格策略与产品的整体设计、分销和促销策略相匹配，形成一个协调的营销组合。如果产品是根据非价格图表来定位的，那么有关质量、促销和销售的决策就会极大地影响价格；如果价格是一个重要的定位因素，那么价格就会极大地影响其他营销组合因素的决策。因此，营销人员在定价时必须考虑到整个营销组合，不能脱离其他营销组合而单独决定。

3. 成本

产品从原材料到成品要经过一系列复杂的过程，在这个过程中必定要耗费一定的资金和劳动，这种在产品的生产经营中所产生的实际耗费的货币表现就是成本。它是产品价值的基础，也是制定产品价格的最低经济界限，是维持简单再生产和经营活动的基本前提。产品的价格必须能够补偿产品生产、分销和促销的所有支出，并能补偿企业为产品承担风险所付出的代价。低成本的企业能设定较低的价格，从而取得较高的销售量和利润额。因此，企业想扩大销售或增加利润，就必须降低成本，从而降低价格，提高产品在市场上的竞争力。如果企业生产和销售产品的成本大于竞争对手，那么企业将不得不设定较高的价格或减少利润，从而使自己处于竞争劣势。

4. 组织考虑

每个企业的规模、财务状况、经销指标和价值取向各有不同。对于追求利润型企业，高价格是企业选择的定价方向；而对于追求市场份额的企业来讲，中、低价格定位是企业的定价方向。同时，企业根据自身状况需考虑综合因素（品牌、市场地位、推广费用、渠道建设情况、产品的包装和产品规格）来制定价格。

（二）影响定价的外部因素

1. 市场和需求的性质

与成本决定价格的下限相反，市场和需求决定价格的上限。在设定价格之前，营销人员必须理解产品价格与产品需求之间的关系。

在市场经济条件下，市场结构不同，即企业及其产品在市场上的竞争状况不同，企业的定价策略也不同。企业价格决策面临的竞争主要来自同行业生产者、经营者之间的竞争，尤其是市场处于买方市场的势态下，卖方间的竞争十分激烈，企业价格决策者必须熟悉本企业产品在市场竞争中所处的地位，分析市场中竞争对手的数量，它们的生产、供应能力及市场行为，从而采用相应的价格策略。不同的市场结构采用的定价策略是不同的。根据市场竞争程度的具体因素，我们可以把市场结构划分为完全竞争市场、垄断竞争市场、寡头垄断市场和完全垄断市场四种类型。

同时，市场供求状况也是企业价格决策的主要依据之一。企业对产品的定价，一方面必须补偿经营所耗费的成本费用并保证一定的利润；另一方面也必须适应市场对该产品的供求变化，使其能够为消费者所接受。例如，企业的产品是哪一个人群在使用，是儿童、老人、男士、女性，是用于家庭消费、团体消费，还是豪华型消费、普通消费。一般来讲，用于儿童、女性、团体消费或豪华型消费的产品价格都相应较高，企业多是采用高价位，反之亦然。否则，企业的价格决策会陷入一厢情愿的境地。企业需考虑整体消费水平、消费习性、市场规模和容量以及市场发展趋势几个因素来对产品进行综合评价，制定价格。

2. 竞争对手

竞争价格因素对定价的影响主要表现为竞争价格对产品价格水平的约束。同类产品的竞争最直接表现为价格竞争。如果企业采取高价格、高利润的战略，就会引来竞争；而低价格、低利润的战略可以阻止竞争对手进入市场或者把他们赶出市场。如果企业试图通过适当的价格和及时的价格调整来争取更多顾客，这就意味着其他同类企业将失去部分市场，或维持原有市场份额要付出更多的营销努力。因而在竞争激烈的市场上，企业都会认真分析竞争对手的价格策略，密切关注其价格动向并及时做出反应。

3. 其他外部因素（经济、中间商、政府和社会关注问题）

在设定价格时，企业还必须考虑外部环境中的其他因素。经济条件对企业的定价策略有很大影响，如经济增长和衰退、通货膨胀和利率等因素都会影响产品的生产成本以及消费者对产品和价值的看法。企业在制定价格时应该能够给销售商带去可观的利润，鼓励他们支持产品，以及帮助他们有效地销售产品。营销人员需要了解影响价格的政府法律法规，并确保自己的定价决策具有可辩护性。同时，企业在制定价格时，企业的短期销售、市场份额和目标利润将必须服从于整个社会的需要。

三、定价目标策划

企业定价目标是指企业在对其产品定价时预先确定所要达到的目的和标准，是企业营销目标在价格决策上的反映，一般可分为利润目标、销售额目标、市场占有率目标和稳定价格目标。企业在定价时，应根据营销总目标、面临的市场环境和产品特点等多种因素来选择定价目标。定价目标是以满足市场需要和实现企业盈利为基础的，它是实现企业经营总目标的保证和手段，同时又是企业定价策略和定价方法的依据。

（一）生存导向定价目标

生存导向定价目标又称为"维持生存的目标"，是特定时期的过渡性目标。当企业经营不善，或由于市场竞争激烈、顾客需求偏好突然变化时，会造成产品销路不畅、大量积压，资金周转不灵，甚至面临破产危险，此时企业应以维持生存作为主要目标。短期而言，只要售价高过产品变动成本，足以弥补部分固定成本支出，则可继续经营。企业长期目标还是要获得发展。

（二）利润导向定价目标

利润目标是企业定价目标的重要组成部分，获取利润是企业生存和发展的必要条件，是企业经营的直接动力和最终目的。因此，利润导向定价目标为大多数企业所采用。

1. 以利润最大化为定价目标

以最大利润为定价目标是指企业在一定时期内综合考虑各种因素后，以总收入减去总成本的最大差额为基点，确定单位产品的价格，以获得最大的利润总额。最大利润有长期和短期之分，还有单一产品最大利润和企业全部产品综合最大利润之别。一般而言，企业追求的应该是长期的、全部产品的综合最大利润，这样企业就可以取得较大的市场竞争优势，占领和扩大更多的市场份额。对于一些中小型、产品生命周期较短和产品在市场上供不应求的企业来说，也可以谋求短期最大利润。价格太高会导致销售量下降，利润总额可能因此而减少。高额利润是可以通过采用低价策略，待占领市场后再逐步提价来获得的；同时企业也可以通过对部分产品制定低价甚至亏本销售，以招徕顾客，带动其他产品的销售，进而谋取最大的整体效益。因高价策略而达到的利润最大化只能是一种短期行为，最大利润应以公司长期最大利润和全部产品的总利润为目标。

2. 以投资收益为定价目标

投资收益定价目标是指使企业在一定时期内能够收回投资并能获取预期的投资报酬的一种定价目标。投资收益率又称为"投资报酬率"，是衡量企业经营实力和经营成果的重要标志，它等于净利润与总投资之比，一般以一年为计算期，其值越高，企业的经营状况就越好。采用这种定价目标的企业，一般是根据投资额规定的收益率，计算出单位产品的利润额，加上产品成本作为销售价格的。但企业必须注意两个问题：第一，要确定适度的投资收益率。一般来说，投资收益率应该高于同期的银行存款利息率，但不可过高，否则消费者就难以接受。第二，企业生产经营的产品必须是畅销产品，与竞争对手相比，产品具有明显的优势。

3. 以合理利润为定价目标

合理利润定价目标是指企业为避免不必要的价格竞争，在补偿正常情况下的社会平均成本的基础上，适当地加上一定量的利润作为产品价格，以适中、稳定的价格获得长期利润的一种定价目标。采用这种定价目标有多种原因：以适度利润为目标使产品价格不会显得太高，从而可以阻止激烈的市场竞争；某些企业是为了协调投资者和消费者的关系，树立良好的企业形象；不仅可以使企业避免不必要的竞争，又能获得长期利润，而且由于价格适中，消费者愿意接受，还符合政府的价格指导方针，因此这是一种兼顾企业利益和社会利益的定价目标。但其在实际运用时常常会受到各种限制，企业必须充分考虑产销量、投资成本、竞争格局和市场接受程度等因素。临时性的企业一般不宜采用这种定价目标。

（三）销售导向定价目标

销售导向定价目标，又称为"市场占有率目标"，是在保证一定利润水平的前提下，谋求某种水平的销售量或市场占有率而确定的目标。以销售额为定价目标具有获取长期较好利润的可能性。

采用销售额目标时，确保企业的利润水平尤为重要，销售额和利润必须同时考虑。因为某种产品在一定时期、一定市场状况下的销售额由该产品的销售量和价格共同决定，销售额的增加，并不必然带来利润的增加。有些企业的销售额上升到一定程度，利润就很难再上升，甚至销售额越大，亏损越多。因此，对于需求的价格弹性较大的商品，降低价格而导致的损失可以由销量的增加而得到补偿，因此企业宜采用薄利多销策略，保证在总利润不低于企业最低利润的条件下，尽量降低价格，促进销售，扩大盈利；反之，若商品的需求的价格弹性较小时，降价会导致收入减少，而提价则使销售额增加，企业应该采用高价、厚利、限销的策略。

（四）竞争导向定价目标

在产品的营销竞争中，价格竞争是最有效、最敏感的手段。企业在设定价格前，一般要广泛搜集信息，把自己产品的质量、特点和成本与竞争者的产品进行比较，然后制定本企业产品的价格。根据企业的不同条件，一般有以下决策目标可供选择。

1. 稳定价格目标

稳定价格目标是指以保持价格相对稳定，避免正面价格竞争为目标的定价。稳定的价格通常是大多数企业获得一定目标收益的必要条件。其实质是通过本企业产品的定价来左右整个市场价格，可以使市场价格在一个较长的时期内相对稳定，减少企业之间因价格竞争而产生的损失。为达到稳定价格的目的，通常情况下是由那些拥有较高的市场占有率、经营实力较强或具有竞争力和影响力的领导者企业先制定一个价格，其他企业的价格则与之保持一定的距离或比例关系。这样，对大企业是稳妥的价格保护政策，而中小企业也以此避免因价格竞争带来的风险。在钢铁、采矿业和石油化工等行业内，稳定价格目标得到最广泛的应用。

2. 追随定价目标

企业有意识地通过给产品定价主动应付和避免市场竞争。企业价格的制定，主要以对市场价格有影响的竞争者的价格为依据，根据具体产品的情况稍高或稍低于竞争者。竞争者的价格不变，实行此目标的企业也维持原价；竞争者的价格变动，此类企业也相应地调整价格。一般情况下，中小企业的产品价格定得略低于行业中占主导地位的企业的价格。

3. 挑战定价目标

如果企业具备强大的实力和特殊优越的条件，可以主动出击，挑战竞争对手，获取更大的市场份额。一般常用的策略目标有：①打击定价，实力较强的企业主动挑战竞争对手，扩大市场占有率，可采用低于竞争者的价格出售产品；②特色定价，实力雄厚并拥有特殊技术，或产品品质优良，或能为消费者提供更多服务的企业，可采用高于竞争者的价格出售产品；③阻截定价，为了防止其他竞争者加入同类产品的竞争行列，在一定条件下，往往采用低价入市，迫使弱小企业无利可图而自动退出市场或阻止竞争对手进入市场。

四、定价方法

定价方法是企业在特定的定价目标指导下，根据对成本、需求及竞争等状况的研究，运用价格决策理论，对产品价格进行计算的具体方法。定价方法主要包括以成本为基础的定价方法、以购买者需求为基础的方法和以竞争为基础的方法三种类型。

（一）基于成本的定价策划

基于成本的定价法是以产品成本为基础，加上目标利润来确定产品价格的成本导向定价法，是企业最常用、最基本的定价方法。主要有总成本加成定价法、目标收益定价法、边际成本定价法和盈亏平衡定价法等几种具体的定价方法。

1. 总成本加成定价法

总成本加成定价法是指按照单位成本加上一定百分比的加成来制定产品的销售价格，即把所有为生产某种产品而发生的耗费均计入成本的范围，计算单位产品的变动成本，合理分摊相应的固定成本，再按一定的目标利润率来决定价格。其计算公式为：

单位产品价格 ＝ 单位产品总成本 × （1 ＋ 目标利润率）

例题：某皮具厂生产 1 000 个皮箱，固定成本为 3 000 元，每个皮箱的变动成本为 45元，企业确定的成本利润率为 30%，请用成本加成定价法进行定价。

解：
$$P = (TC/Q) \times (1 + R)$$
$$\quad = (FC/Q + VC) \times (1 + R)$$
$$\quad = (3\ 000/1\ 000 + 45) \times (1 + 30\%)$$
$$\quad = 62.4\ (元)$$

采用成本加成定价法，关键问题是确定合理的成本利润率。而成本利润率的确定，必须考虑市场环境、行业特点等多种因素。这种方法的优点是：简化了定价工作，便于经济核算；价格竞争会降到最低；在成本加成的基础上制定出来的价格对买卖双方来说都比较公平。

2. 目标收益定价法

目标收益定价法又称"投资收益率定价法"，是根据企业的总成本或投资总额、预期销量和投资回收期等因素来确定价格的，如图 2 - 5 所示。企业试图确定能带给它正在追求的投资收益目标。它是根据估计的总销售收入（销售额）和估计的产量（销售量）来制定价格的一种方法。其公式为：

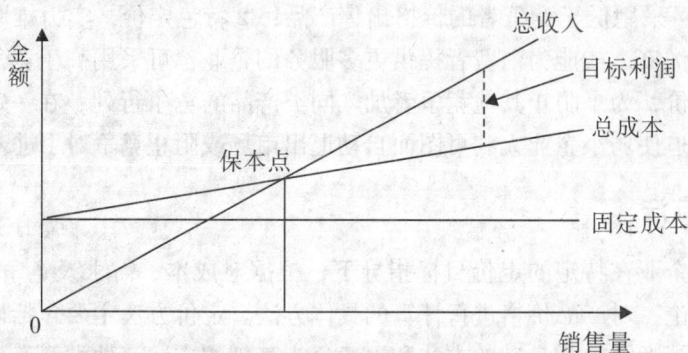

图 2 - 5 目标收益定价法

单位产品价格 ＝ （总成本 ＋ 目标收益额）／ 预期销量

或

目标利润价格 ＝ 单位成本 ＋ （目标利润率 × 投资成本）／ 销售量

其中

目标利润率或目标收益率 ＝ 1／ 投资回收期

例题：某企业预计其产品的销量为 10 万件，总成本为 740 万元，决定完成目标利润为 160 万元，求单位产品的价格是多少？

解：$P = (TC + TR) / Q$
　　　$= (740 + 160) / 10$
　　　$= 90 （元）$

与成本加成定价法相类似，目标收益定价法也是一种生产者导向的产物。其缺陷表现为：很少考虑到市场竞争和需求的实际情况，只是从保证生产者的利益出发制定价格；另外，先确定产品销量，再计算产品价格的做法完全颠倒了价格与销量的因果关系，把销量看成是价格的决定因素，在实际上很难行得通。尤其是对于那些需求的价格弹性较大的产品来说，用这种方法制定出来的价格，无法保证销量的必然实现。

3. 边际成本定价法

边际成本是指每增加或减少单位产品所引起的总成本的变化量。边际成本定价法又称"边际贡献法"，其基本思想是只考虑变动成本，不考虑固定成本，以预期的边际贡献补偿固定成本并获得盈利。采用边际成本定价法时是以单位产品变动成本作为定价依据和可接受价格的最低界限的。在价格高于变动成本的情况下，企业出售产品的收入除了完全补偿变动成本外，尚可用来补偿一部分固定成本，甚至可能提供利润。其公式为：

单位产品价格 = 单位产品变动成本 + 单位产品边际贡献

其中单位产品边际贡献是指企业增加一个单位的销售，所获得的收入减去边际成本的数值。边际贡献 = 销售收入 – 变动成本，若边际贡献大于固定成本，企业就有盈利；若边际贡献小于固定成本，企业就会亏本；若边际贡献等于固定成本，企业盈亏平衡。只要边际贡献≥0，企业就可以考虑生产。这种定价方法适合于企业存在生产能力过剩、市场供过于求等情况。

4. 盈亏平衡定价法

盈亏平衡定价法，又称"收支平衡法"，是利用收支平衡点来确定产品的价格的，即在销量达到一定水平时，企业应如何定价才不至于发生亏损；反过来说，已知价格在某一水平上，应销售多少产品才能保本。其公式为：

盈亏平衡点价格 = 固定总成本÷销量+单位变动成本
$P = FC/Q + VC$

例题：某产品生产的固定成本是 150 000 元，单位变动成本为 15 元，若销量为 3 000 件，则价格应定多少企业才不会亏损？若销售价格为 40 元，则企业必须销售多少才能保本？

解：$P = FC/Q + VC$

$\quad\;\; = 150\,000/3\,000 + 15$

$\quad\;\; = 65$（元）

$\quad Q = FC/(P - VC)$

$\quad\;\; = 150\,000/(40 - 15)$

$\quad\;\; = 6\,000$（件）

实际上，这种定价法的实质就是确定总收入等于总支出时的价格。以盈亏平衡点确定价格只能使企业的生产耗费得以补偿，而不能得到收益。若实际价格超过收支平衡价格，企业就可盈利。科学地预测销量和已知固定成本、变动成本是盈亏平衡定价的前提。有时，为了开展价格竞争或应付供过于求的市场格局，企业会采用这种定价方式以取得市场竞争的主动权。

从本质上说，成本导向定价法是一种卖方定价导向。它忽视了市场需求、竞争和价格水平的变化，有时候与定价目标相脱节。此外，运用这一方法制定的价格均是建立在对销量主观预测的基础上的，从而降低了价格制定的科学性。因此，在采用成本导向定价法时，还需要充分考虑需求和竞争状况，以确定最终的市场价格水平。

（二）基于需求的定价策划

市场营销观念要求企业的一切生产经营必须以消费者的需求为中心，并在产品、价格、分销和促销等方面予以充分体现。

基于需求的定价方法是根据市场需求状况和消费者对产品的感觉差异来确定价格的方法，又称"市场导向定价法"。需求导向定价法主要包括认知价值定价法、需求差别定价法和逆向定价法。

1. 认知价值定价法

认知价值定价法是根据顾客对产品价值的认知程度，即以产品在顾客心目中的价值观念为定价依据，运用各种营销策略和手段，影响顾客对产品价值认知的定价方法。定价的关键，不是卖方的成本，而是购买者对价值的认知。企业如果过高地估计认知价值，便会定出偏高的价格；相反，则会定出偏低的价格。

2. 需求差别定价法

所谓需求差别定价法，是指产品价格的确定以需求为依据，首先强调适应消费者需求的不同特性，而将成本补偿只放在次要的地位。这种定价方法，对同一商品在同一市场上制定两个或两个以上的价格，或使不同商品价格之间的差额大于其成本之间的差额。其好处是可以使企业定价最大限度地符合市场需求，促进商品销售，有利于企业获取最佳的经济效益。根据需求特性的不同，需求差别定价法通常有以下几种形式：以用户为基础的差别定价、以地点为基础的差别定价、以时间为基础的差别定价、以产品为基础的差别定价和以流转环节为基础的差别定价。

企业采取差别定价必须具备的条件：①市场必须是可以细分的，而且各个细分市场须表现出不同的需求程度；②以较低价格购买某种产品的顾客不会以较高价格把这种产品倒卖给别人；③竞争者不会在企业以较高价格销售产品的市场上以低价竞销；④细分市场和控制市场的成本费用不得超过因实行价格歧视而得到的额外收入，这就是说，不能得不偿失；⑤价格歧视不会引起顾客反感而放弃购买，影响销售；⑥采取的价格歧视形式不能违法。

3. 逆向定价法

逆向定价法也称"零售价格定价法"，是依据消费者能够接受的最终销售价格，逆向推算出中间商的批发价和生产企业的出厂价格。这种定价方法主要不是考虑产品成本，而重点考虑需求状况。逆向定价法的特点是：价格能反映市场需求情况，有利于加强与中间商的良好关系，保证中间商的正常利润，使产品迅速向市场渗透，并可根据市场供求情况及时调整，定价比较灵活。其公式为：

$$批发价格 = 市场可销价格 \times （1-批零差率）$$
$$出厂价格 = 批发价格 \times （1-销进差率）$$
$$= 市场可销价格 \times （1-批零差率）\times （1-销进差率）$$

（三）基于竞争的定价策划

对于一些市场竞争十分激烈的产品，许多企业在制定价格时，往往不是根据成本和需求，而是以竞争者的价格水平为基础来进行定价的。

竞争导向定价法是指通过研究竞争对手同类产品的价格、生产条件和服务状况等，结合企业自身的发展需求，以竞争对手的价格为基础进行产品定价的一种方法。其特点是价格与成本和市场需求不发生直接关系。当然，为实现企业的定价目标和总体经营战略目标，谋求企业的生存和发展，企业可以在其他营销手段的配合下，将价格定得高于或低于竞争者的价格，并不一定要和竞争对手的产品价格完全保持一致。竞争导向定价主要包括随行就市定价法、主动竞争定价法、竞争投标定价法和拍卖定价法。

1. 随行就市定价法

随行就市定价法，又称"流行水准定价法"，是指在一个竞争比较激烈的行业或部门中，某个企业根据市场竞争格局，跟随行业或部门中主要竞争者的价格，或各企业的平均价格，或市场上一般采用的价格，来确定自己产品价格的方法。即企业按照行业的平均现行价格水平来定价。采用随行就市定价法，企业就不必去全面了解消费者对不同价差的反应，也不会引起价格波动，从而为营销、定价人员节约了很多时间。

在以下情况下往往采取随行就市定价法：①难以估算成本；②主要适合同质产品市场，其目的是为了与同行业企业和平共处，避免发生激烈的竞争；③如果另行定价，很难了解购买者和竞争者对本企业的价格的反应；④在完全竞争与寡头竞争的条件下，这种定价方法经常使用。

但值得注意的是：这种定价法以竞争对手的价格为依据，并不否认本企业产品的成本、质量等因素对价格形成的直接作用。

2. 主动竞争定价法

主动竞争定价法又称"价格领袖定价法"或"寡头定价法"，是指在某个行业或部门中，由一个或少数几个大企业首先定价，其余企业参考定价或追随定价的方法。这一个或少数几个大企业就是价格领袖。他们的价格变动往往会引起其他企业的价格随之变动。

其实，这种定价法与前一种定价法有相通之处。不追随竞争者的价格，而是根据本企业产品的实际情况与竞争对手产品的差异来确定产品的价格。

3. 竞争投标定价法

竞争投标定价法又称为"密封投标定价法"，是指一个企业根据招标方的条件，主要考虑竞争情况来确定标方的价格的一种方法。在国内外，许多大宗商品、原材料、成套设备和建筑工程项目的买卖和承包，以及征招经营协作单位、出租出售小型企业等，往往采用发包人招标、承包人投标的方式来选择承包者，并确定最终承包价格。

一般来说，招标方只有一个，处于相对垄断地位，而投标方有多个，处于相互竞争地位。一个企业能否中标，在很大程度上取决于该企业与竞争者投标报价水平的比较。标的物的价格是由参与投标的各个企业在相互独立的条件下确定的。在买方招标的所有投标者中，报价最低的投标者通常中标，他的报价就是承包价格，这种竞争性的定价方法就是密封投标定价法。

4. 拍卖定价法

拍卖定价法是由卖方预先发表公告，展示拍卖物品，买方预先看货，在规定时间内公开拍卖，由买方公开叫价，不再有人竞争的最高价格即为成交价格，卖方按此价格拍板成交。拍卖式定价越来越被广泛地使用，其作用之一是处置积压商品或旧货。拍卖形式主要有三种：

（1）英国式拍卖。一个卖方和多个买方，是一种加价拍卖方式。卖方出示一件商品，买方不断加价竞标，直至达到最高价格。英国式拍卖经常被用来出售古董、家畜、不动产和旧设备、车辆等。

（2）荷兰式拍卖。一个卖方多个买方，或者一个买方多个卖方，是一种降价拍卖方式。在一个卖方多个买方的情况下，拍卖人宣布一个最高的价格然后逐渐降低价格直至出价人接受为止；在一个买方多个卖方的情况下，买方宣布他想买的商品，多个卖方不断压低价格以寻求最后中标。每个卖方都能看到当前的最低价格，从而决定是否继续降价。

（3）封闭式投标拍卖。供应商只能提供一份报价，并且不知道其他人的报价如何。供应商不会低于自己的成本报价，但是考虑到可能会失去订单也不会报得太高。政府部门经常利用这种方法进行采购。

五、价格调整策划

企业通常还需要针对顾客差异及形势变化调整它们的基础价格。在此，我们来看一下五种价格调整战略：折扣与折让定价、差别定价、心理定价、促销定价和地理定价。

（一）折扣定价

大多数企业为了鼓励顾客及早付清货款，或鼓励大量购买，或为了增加淡季销售量，常常需酌情给顾客一定的优惠，这种价格的调整叫作"价格折扣"和"价格折让"。折扣定价是指对基本价格做出一定的让步，直接或间接降低价格，以争取顾客，扩大销量。其中直接折扣的形式有数量折扣、现金折扣、功能折扣和季节折扣，间接折扣的形式有回扣和津贴。

1. 数量折扣

数量折扣指按购买数量的多少，分别给予不同的折扣，购买数量越多，折扣越大。其目的是企业给那些大量购买某种产品的顾客的一种减价，以鼓励大量购买或集中向本企业购买。数量折扣包括累计数量折扣和一次性数量折扣两种形式。数量折扣的优点是：促销作用非常明显，企业因单位产品利润减少而产生的损失完全可以从销量的增加中得到补偿；销售速度的加快，使企业资金周转次数增加，流通费用下降，产品成本降低，从而导致企业总盈利水平上升。例如：顾客购买某种商品100单位以下，每单位10元；购买100单位以上，每单位9元。

2. 现金折扣

现金折扣是给予在规定的时间内提前付款或用现金付款的消费者的一种价格折扣，其目的是鼓励顾客尽早付款，加速资金周转，降低销售费用，减少财务风险。采用现金折扣一般要考虑三个因素：折扣比例、给予折扣的时间限制与付清全部货款的期限。例如"2/10，n/30"，表示付款期是30天，但如果在成交后10天内付款，给予2%的现金折扣。许多行业习惯采用此法以加速资金周转，减少收账费用和坏账。

3. 功能折扣

功能折扣，也叫"贸易折扣"或"交易折扣"，是指中间商在产品分销过程中所处的环节不同，其所承担的功能、责任和风险也不同，企业据此给予不同的折扣。例如，制造商给某些批发商或零售商一种额外折扣，促使他们执行某种市场营销功能，如推销、储存和服务等。其目的是：鼓励中间商大批量订货，扩大销售，争取顾客，并与生产企业建立长期、稳定和良好的合作关系；对中间商经营的有关产品的成本和费用进行补偿，并让中间商有一定的盈利。功能折扣的比例，主要考虑中间商在分销渠道中的地位、对生产企业产品销售的重要性、购买批量、完成的促销功能、承担的风险、服务水平、履行的商业责任，以及产品在分销中所经历的层次和在市场上的最终售价等因素。

4. 季节折扣

季节折扣是企业鼓励顾客淡季购买的一种减让，以使企业的生产和销售一年四季都能保持相对稳定。有些商品的生产是连续的，而其消费却具有明显的季节性。为了调节供需矛盾，生产企业对在淡季购买商品的顾客给予一定的优惠，使企业的生产和销售在一年四季都能保持相对稳定。例如，啤酒生产厂家对在冬季进货的商业单位给予大幅度让利；羽绒服生产企业则为在夏季购买其产品的客户提供折扣；旅馆和航空公司在它们的经营淡季期间也提供一些优惠。季节折扣比例的确定，应考虑成本、储存费用、基价和资金利息等因素。季节折扣有利于减少库存，加速商品流通，迅速收回资金，促进企业均衡生产，充分发挥生产和销售潜力，避免因季节需求变化所带来的市场风险。

5. 回扣和津贴

回扣是间接折扣的一种形式，它是指购买者在按价格目录将货款全部付给销售者以后，销售者再按一定比例将货款的一部分返还给购买者。

津贴又称为"折让"，是根据价目表给顾客以价格折扣的另一种形式。津贴是企业由于特殊目的，对特殊顾客以特定形式所给予的价格补贴或其他补贴。如零售商为企业产品刊登广告或设立橱窗，生产企业除负担部分广告费外，还在产品价格上给予一定优惠。旧货折价折让就是指当顾客买了一件新商品时，允许交还同类商品的旧货，在新货价格上给予折让；促销折让是卖方为了报答经销商参加广告和支持销售活动而支付的款项或给予的价格折让。

（二）差别定价

由于市场上存在着不同的顾客群体、不同的消费需求和偏好，企业为了适应在顾客、产品、地理等方面的差异，常常采用差别定价策略。所谓差别定价（歧视定价）是指企业以两种或两种以上不同反映成本费用的比例差别的价格来销售一种产品或服务，即价格的不同并不是基于成本的不同，而是企业为满足不同消费层次的要求而构建的价格结构。差别定价有以下几种形式：以顾客为基础的差别定价策略、以产品为基础的差别定价策略、以地点为基础的差别定价策略和以时间为基础的差别定价策略。

1．顾客差别定价

企业把同一种商品或服务按照不同的价格卖给不同的顾客。例如，公园、旅游景点、博物馆将顾客分为学生、年长者和一般顾客，对学生和年长者收取较低的费用；铁路公司对学生、军人售票的价格往往低于一般乘客；自来水公司根据需要把用水分为生活用水、生产用水，并收取不同的费用；电力公司将用电分为居民用电、商业用电和工业用电，对不同的用电收取不同的电费。

2．产品差别定价

企业根据产品的不同型号、不同式样，制定不同的价格，但并不与各自的成本成比例。如：33 寸彩电比 29 寸彩电的价格高出一大截，可其成本差额远没有这么大；一件裙子 70 元，成本 50 元，可是在裙子上绣一组花，成本只要 5 元，但价格可定到 100 元。一般来说，新式样产品的价格会高一些。

3．地点差别定价

指对处于不同地点或场所的产品或服务制定不同的价格，即使每个地点的产品或服务的成本是相同的。例如，影剧院不同座位的成本费用都一样，却按不同的座位收取不同票价，因为公众对不同座位的偏好不同；火车卧铺从上铺到中铺、下铺，价格逐渐增加。

4．时间差别定价

产品或服务的价格因季节、时期或钟点的变化而变化。一些公用事业公司，对于用户按一天的不同时间、周末和平常日子的不同标准来收费。长途电信公司制定的晚上、清晨的电话费用可能只有白天的一半；航空公司或旅游公司在淡季的价格便宜，而旺季一到价格立即上涨。这样可以使消费需求均匀化，避免企业资源的闲置或超负荷运转。

企业采取差别定价策略的前提条件是：①市场必须是可以细分的，而且各个细分市场表现出的需求程度不同；②细分市场间不会因价格差异而发生转手或转销行为，且各销售区域的市场秩序不会受到破坏；③市场细分与控制的费用不应超过价格差别所带来的额外收益；④在以较高价销售的细分市场中，竞争者不可能低价竞销；⑤推行这种定价法不会招致顾客的反感、不满和抵触。

（三）心理定价

心理定价是根据消费者不同的消费心理而制定相应的产品价格，以引导和刺激消费者购买的价格策略。常用的心理定价策略有数字定价、声望定价、招徕定价和习惯定价等。

1. 数字定价策略

尾数定价策略。又称"零数定价"、"奇数定价"和"非整数定价",指企业利用消费者求廉的心理,制定非整数价格,而且常常以零数作尾数。例如某种产品的定价为19.99元而不是20元。使用尾数定价,可以使价格在消费者心中产生三种特殊的效应:便宜、精确、中意,一般适用于日常消费品等价格低廉的产品。

与尾数定价相反,整数定价针对的是消费者的求名、自豪心理,有意将产品价格定为整数。对于那些无法明确显示其内在质量的商品,消费者往往通过其价格的高低来判断其质量的好坏。但是,在整数定价方法下,价格的高并不是绝对的高,而只是凭借整数价格来给消费者造成高价的印象。整数定价常常以偶数,特别是以"0"作尾数。整数定价策略适用于需求的价格弹性小、价格高低不会对需求产生较大影响的中高档产品,如流行品、时尚品、奢侈品、礼品、星级宾馆和高级文化娱乐服务等。整数定价的好处有:可以满足购买者显示地位、崇尚名牌、炫耀富有和购买精品的虚荣心;利用高价效应,在顾客心目中树立高档、高价和优质的产品形象。

愿望数字定价策略。由于民族习惯、社会风俗、文化传统和价值观念的影响,某些数字常常会被赋予一些独特的含义,企业在定价时如能加以巧用,则其产品将因之而得到消费者的偏爱。当然,某些为消费者所忌讳的数字,如西方国家的"13"、日本的"4",企业在定价时则应有意识地避开,以免引起消费者的厌恶和反感。

2. 声望定价策略

声望定价策略指根据产品在顾客心中的声望、信任度和社会地位来确定价格的一种定价策略。例如一些名牌产品,企业往往可以利用消费者仰慕名牌的心理而制定大大高于其他同类产品的价格,如国际著名的欧米茄手表,在我国市场上的售价从一万元到几十万元不等。消费者在购买这些名牌产品时,特别关注其品牌、标价所体现出的炫耀价值,目的是通过消费获得极大的心理满足。声望定价的目的是:可以满足某些顾客的特殊欲望,如显示地位、身份、财富、名望和自我形象,可以通过高价来显示其名贵高雅。声望定价策略适用于一些知名度高、具有较大的市场影响和深受市场欢迎的驰名商标的产品。

3. 招徕定价策略

招徕定价又称"特价商品定价",是指企业将某几种产品的价格定得非常之高,或者非常之低,在引起顾客的好奇心理和观望行为之后,带动其他产品的销售,加速资金周转。这一定价策略常被综合性百货商店、超级市场甚至高档商品的专卖店所采用。

值得企业注意的是,用于招徕的降价品,应该与低劣、过时的商品明显地区别开来,必须是品种新、质量优的适销产品,而不能是处理品,否则,不仅达不到招徕顾客的目的,反而可能使企业的声誉受到影响。

北京地铁有家每日商场,每逢节假日都要举办"一元拍卖活动",所有拍卖商品均以1元起价,报价每次增加5元,直至最后定夺。但这种由每日商场举办的拍卖活动由于基价定得过低,最后的成交价就比市场价低得多,因此会给人们产生一种"卖得越多,赔得越多"的感觉。岂不知,该商场用的是招徕定价术,它以低廉的拍卖品活跃商场气氛,增大客流量,带动了整个商场的销售额上升。这里需要说明的是,应用此术所选的降价商品，必须是顾客都需要，而且市场价为人们所熟知的才行。

4．习惯定价策略

习惯定价策略是指根据消费市场长期形成的习惯性价格定价的策略。对于经常性、重复性购买的商品，尤其是家庭生活日常用品，在消费者心理上已经"定格"，其价格已成为习惯性价格，并且消费者只愿付出这么大的代价。有些商品，消费者在长期的消费中，已在头脑中形成了一个参考价格水准，个别企业难以改变。降价易引起消费者对品质的怀疑，涨价则可能受到消费者的抵制。企业定价时常常要迎合消费者的这种习惯心理。

（四）促销定价

促销定价指企业暂时地将其产品价格定得低于目录价格，有时甚至低于成本，从而达到促进销售的目的。促销定价有以下几种形式：

1．牺牲品定价

一些超市和百货商店会用几个产品作为牺牲品招徕客户，希望他们购买其他有正常加成的产品。

2．特殊事件定价

销售者在某些季节还可以用特殊事件定价来吸引更多的顾客。例如，企业利用开业庆典或开业纪念日及节假日等时机，降低某些产品的价格，以吸引更多的顾客。

3．现金回扣

制造商对在特定的时间内购买企业产品的顾客给予现金回扣，以清理存货，减少积压。回扣最近在汽车制造商、耐用品和小器具生产商中间十分流行。一些制造商提供低息贷款、较长期担保或者免费保养来减让消费者的"价格"。这一做法最近极受汽车行业的推崇。

4．心理折扣

企业开始时给产品制定很高的价格，然后大幅度降价出售，刺激顾客购买。企业可以从正常价格中简单地提供折扣，以增加销售量和减少库存。

（五）地理定价

地理定价指由企业承担部分或全部运输费用的定价策略。它包含着公司如何针对国内不同地方和各国之间的顾客决定其产品定价。当市场竞争激烈，或企业急于打开新的市场时常采取这种做法。通常一个企业的产品不仅在本地销售，同时还要销往其他地区，而产品从产地运到销售地要花费一定的运输、仓储等费用。那么应如何合理分摊这些费用，不同地区的价格应如何制定，这就是地区定价策略所要解决的问题。具体有以下五种方法：

1．产地定价策略

顾客（买方）以产地价格或出厂价格为交货价格，企业（卖方）只负责将这种产品运到产地某种运输工具（如卡车、火车等）上交货，运杂费和运输风险全部由买方承担。这种做法适用于销路好、市场紧俏的商品，但不利于吸引路途较远的顾客。

2．统一交货价策略

统一交货价策略也称"邮资定价法"。和前者相反，企业对不同地区的顾客实行统一的价格，即按出厂价加平均运费制定统一交货价。这种方法简便易行，但实际上是由近处的顾客承担了部分远方顾客的运费，对近处的顾客不利，而比较受远方顾客的欢迎。

3．分区定价策略

分区定价介于前两者之间，企业把销售市场划分为远近不同的区域，各区域因运距差异而实行不同的价格，同区域内实行统一价格。分区定价类似于邮政包裹、长途电话的收费。对企业来说，可以较为简便地协调不同地理位置用户的运费负担问题，但对处于分界线两侧的顾客而言，还会存在一定的矛盾。

4．基点定价策略

企业在产品销售的地理范围内选择某些城市作为定价基点，然后按照出厂价加上基点城市到顾客所在地的运费来定价。这种情况下，运杂费用等是以各基点城市为界由买卖双方分担的。该策略适用于体积大、费用占成本比重较高、销售范围广和需求弹性小的产品。有些公司为了提高灵活性，选定多个基点城市，按照顾客最近的基点计算运费。

5．津贴运费定价

津贴运费定价又称"减免运费定价"，指由企业承担部分或全部运输费用的定价策略。有些企业因为急于和某些地区做生意，所以负担全部或部分实际运费。这些卖主认为，如果生意扩大，其平均成本就会降低，因此足以抵偿这些费用开支。此种定价方法有利于企业加深市场渗透。当市场竞争激烈，或企业急于打开新的市场时常采取这种做法。

📂 案例分析

案例 2-2
从苹果和索尼的成败看撇脂定价法的使用艺术

所谓"撇脂定价法"，就是为产品定一个高价，以在短期内攫取最大利润为目标，而不是以实现最大的销量为目标。与撇脂定价法相对应的是渗透定价法，即为产品定一个低价。下面以苹果公司和索尼公司的 MP3 定价的成败来看看如何用好撇脂定价法。

苹果公司的 iPod 产品是近几年来最成功的消费类数码产品之一，一经推出就获得成功。第一款 iPod 零售价高达 399 美元，即使对美国人来说，也属于高价位产品，但是有很多"苹果迷"既有钱又愿意花钱，所以还是纷纷购买。苹果的撇脂定价取得了成功。但是苹果认为还可以"撇到更多的脂"，于是不到半年又推出了一款容量更大的 iPod，当然价格也更高，定价 499 美元，仍然卖得很好。苹果的撇脂定价大获成功。

作为对比，索尼公司的 MP3 也采用撇脂定价法，但没有获得成功。索尼失败的第一个原因是产品的品质和上市速度。索尼最近几年在推出新产品时步履蹒跚，当 iPodmini 在市场上热卖了两年之后，索尼才推出了针对这款产品的 A1000，可此时苹果公司却已经停止生产 iPodmini，推出了一款新产品 iPodnano。苹果保持了产品的差别化优势，而索尼则总是在新产品上落后一大步。

此外，苹果推出的新产品马上就可以在市场上买到，而索尼还只是预告，新产品正式上市还要再等两个月。速度的差距，使苹果在长时间内享受到了撇脂定价的厚利，而索尼的产品虽然定价同样高，但由于销量太小而只"撇"到了非常少的"脂"。

索尼失败的第二个原因是外形。苹果 iPod 的外形已经成为工业设计的经典之作，而一向以"微型化"著称的索尼公司的 MP3，这次却明显落于下风。单纯从产品的尺寸看，索尼的产品比苹果的 nano 足足厚了两倍。外形的差距与产品市场份额的差距同样大。

索尼失败的第三个原因是产品数量。苹果公司每次只推出一款产品、几种规格，但每次都是精品，都非常畅销；而索尼每次都推出三款以上产品，给人的感觉好像是自认质量稍逊，要靠数量制胜。但是过多的新产品不仅增加了采购、生产、渠道的成本，而且也使消费者困惑。

索尼失败的第四个原因是索尼公司整体产品表现不佳。索尼的品牌价值已经严重贬值，在这个时候再使用撇脂定价，效果自然会打折扣。

（资料来源：中国营销传播网 http：//www.emkt.com.cn/artic/e/249/24955.html）

讨论题

从苹果和索尼的案例中，我们能学到什么？他们各自成功和失败的原因是什么？企业在什么情况下能使用撇脂定价法？该如何使用？

✕技能训练

计算题

1. 某企业预计其产品的销量为 10 万件，总成本为 740 万元，决定完成目标利润为 160 万元，求单位产品的价格是多少？

2. 到企业调查，并对其产品定价策略进行分析，写出调查分析报告，并提出修改方案。

任务探究

1. 模拟公司的产品定价合理吗？

2. 为什么说降价策略是一把双刃剑？

任务三　寻找销售渠道

任务描述

选择了适当的产品制定了合理的价格，接下来就要为产品选择一个合适的销售渠道，而这也是市场营销四要素之一的渠道要素，即 Place。本环节通过对模拟公司的产品选择分销渠道，制定分销策略，将模拟产品以最省的费用、最短的时间销售到消费者手中。让学生在营销活动的实践中亲身体验营销，加深对产品分销策略的理解；懂得如何把产品渠道策略的理论知识运用到实践中去，及时发现学生在学习上的偏差和错误，并予以补充和纠正，培养学生初步具备销售渠道策划的能力，使其对所学知识有更进一步的了解与提高。

任务实施

步骤 1：分组考察产品的下列因素。

（1）市场因素。

（2）产品因素。

（3）企业本身因素。

（4）政府政策情况因素。

（5）中间商的情况因素。

（6）经济效益情况因素。

步骤 2：为模拟产品分销选择最佳的销售渠道。

_____

_____

步骤 3：每个模拟公司代表向全班同学介绍分销渠道的设计方案。

_____

_____

步骤 4：师生共同评价各组表现。

_____

_____

附：评分标准

总分：100 分
- 模拟资料准备（30%）
- 方案合理（30%）
- 分析透彻（20%）
- 文笔流畅、重点突出、条理清晰（10%）
- 现场介绍效果好（10%）

A：90 分以上；B：80~89 分；C：70~79 分；D：60~69 分；E：60 分以下。
附评分表（表2-7）如下：

表2-7 模拟销售渠道评分表

模拟公司名称	模拟资料准备（30%）	方案合理（30%）	分析透彻（20%）	文笔较好（10%）	现场介绍效果好（10%）

📁 理论加油站

随着企业争夺最终客户的竞争日益激化，营销渠道的组织、策略与管理成为许多企业的热门话题。在社会分工日益发达的今天，尤其是市场范围扩展到全国甚至全球时，企业就更难完全依靠自己的力量将产品送达最终顾客。因此，就有了营销渠道的组建与创新，中间商的选择与管理等问题。

一、营销渠道概述

营销渠道是产品进入流通和消费领域的必经之路。企业营销渠道是企业满足用户需求和欲望的直接交易，是企业实现全部生产行为的生命线，也是企业全部经济效益的利益点。企业的营销渠道由其分销机构、分销合作伙伴以及物流服务等要素和业务方式组成，具有系统的管理组织结构，企业的定价、促销功能在很大程度上通过营销渠道实现。在企业的营销体系中，营销渠道是比较完整和重要的子系统。

（一）营销渠道的含义

产品营销渠道是指产品的所有权和实体从生产领域流转到消费领域所经过的通道。它由所有参与使产品从生产领域向消费领域运动的组织和个人所组成，主要包括生产者、批发商、零售商、代理商和储运企业等。其中批发商、零售商和代理商通常被称为"中间商"。制造商只有与中间商、中介机构一起才能使产品由生产领域到达消费领域。

营销渠道的设计、策划不仅仅是构造流通渠道和运用分销策略。形成分销体系需要企业投入多种资源，形成一定数量的分销机构，而完善的营销渠道还需要有合理的组织形式、管理制度和业务方式。同时，营销渠道既是企业的可控手段，又存在种种不可控制或不易控制的因素，营销渠道策划比其他营销手段更复杂。

营销渠道是企业满足用户需求和欲望的直接交易。营销渠道是一个体系，是销售、服务、商情、宣传和客户的有机构成。营销渠道的优劣也是企业营销能力高低的重要评价指标。对一个企业来说，营销渠道就像遍布全身的人体血管，靠有力的销售完成资金循环，滋养着企业的成长，其中任何部分的病变，都有可能损伤企业的肌体乃至生命。

（二）营销渠道的任务与功能

营销渠道基于企业的市场目标。作为营销手段和企业经营能力之一，营销渠道有三大基本任务：一是完成产品的交易任务；二是满足顾客的需求和欲望；三是塑造产品形象和企业形象，强化用户对产品的知名度和满意度。

现代的营销渠道应该具有以下具体功能：

1. 商品流通功能，方便顾客的购买需要

企业的营销渠道包括一定数量的分销机构或网点，具有达成交易、交付产品和提供服务的能力。分销机构接近或渗入顾客所在区域，就能方便顾客采购选择，及时满足用户所需的多种服务，更好地体现企业的经营宗旨，加强与顾客和用户的联系、沟通。企业通过自设的或代理商的销售，将产品层层传递，最后在终端完成销售，形成往返的资金流和物流，企业也因此不断获得利润和生命活力。因此，营销渠道首先是一个"渠道"，一个实现资金流和物流不断对流，从而使企业不断获得生存和发展动力的"渠道"。

2. 占据更大的销售空间和有利的地理位置，实现营销推广和形象传播功能

在分销体系中，分销机构按一定的空间范围设定，营销渠道体现商品的合理流向。在既定的区域内，各分销机构和服务网点力争选择有利的地理位置。因此，扩张分销体系，企业就能形成较大的营销和服务辐射范围。这不仅有助于稳定和扩大销售规模，也有助于挤压竞争对手。传统的营销渠道只是完成销售功能，但是在现代的营销渠道中，它被赋予了营销推广的职能。

3. 信息采集功能，不断发掘需求潜力

分销机构接近顾客，服务渗透于目标区域，加之分销机构的分布具有一定的密度，企业就能不断采集信息，充分发掘需求潜力，及时把握市场机会，稳定用户群体，进而巩固自身的市场地位，增强市场竞争力。

4. 网络的兼容性

网络的兼容性是指企业在实现一种产品销售的基础上，能不断适应企业发展、新产品拓展的需要，迅速有效地提高企业其他品类产品的销售力，使其快速进入市场并且提高市场占有率。

营销渠道在兼容的同时也要注意自己产品的定位，尽量削弱对这种定位的负面影响，并且达到不同产品在同一营销渠道互相映衬的效果，以节约企业的资源。TCL用其建立的庞大营销渠道，已兼容了彩电、VCD、电脑和电话等产品的销售就是这方面的成功例子。

5. 吸纳人才

庞大的营销渠道触角每伸展到新的一地，都会在很大程度上树立企业在当地的形象；吸纳当地的人才，为实现企业人才本地化提供平台。所以，加强人才建设也是生产企业占领市场、获取人力资源的重要武器。

6. 提供快捷、温情服务，强化与顾客的沟通，让顾客满意

这是营销渠道建设的基本目标，在渠道的布置中必须坚持以此为导向。

现代的市场竞争中赋予营销渠道大量的功能，加强了渠道合作。由于有了管理和控制，渠道之间的冲突和竞争减少了，渠道成员之间的关系也由竞争转向了合作。

（三）营销渠道选择应该考虑的因素

在营销实践中，营销渠道的模式选择基于以下因素。

1. 营销渠道建设目标

营销渠道要在竞争中起作用，就必须与企业营销战略目标和其他的营销策略一起构成企业完善的营销体系。建设营销渠道要具有系统性，要和其他营销策略紧密联系起来。营销渠道建设的目标要尽可能具体化，常用目标有：

（1）提高渗透率——如将现有的经销店由 100 家扩充到 180 家。

（2）确定各种销售渠道的销货比率组合——企业可依据各种销售渠道的获利状况、政策需要和竞争策略等，设定销货比率组合目标，如百货公司 25%、超级市场 40% 等。

（3）提高经销店的销售周转率——这是企业提高经营效率的重要目标。

（4）确定物流成本及服务质量目标——财务人员往往强调物流的成本，但是一味地降低物流成本而忽视客户满意度，也是市场营销所不能接受的，因此设定物流成本及服务质量也是销售渠道的一项重要目标。

（5）确定不同销售渠道的投资报酬目标。

（6）确定流通信息化的目标等。

2. 产业属性

产业属性对企业选择分销模式有重要的影响。企业所处的产业、行业不同，分销模式及侧重点也有明显的差异。如果产业用品的用户数量少、分布相对集中和单次交易批量较大，则营销渠道倾向于以直接分销为主的垂直型模式。相反，如果顾客众多、分布广泛且交易频繁，则消费品产业的营销渠道更倾向于以间接分销为主的水平或复合型模式。

3. 市场类型与状况

不同产品、产业市场的竞争类型存在差别且处于演变之中。在不同的市场类型中，企业对分销模式的选择也有某些特点。在完全竞争市场，由于企业数量多、规模小，所以大部分企业便以直接分销为主，以交易市场分销为辅，形成以垂直为主的复合型分销模式；在垄断竞争市场，企业的分销模式缺乏明显的倾向性，各种分销模式并存；在寡头垄断市场，由于寡头企业规模大、经营能力强，直接渠道或企业自己的分销机构在分销体系中作用明显，所以受企业直接控制的垂直型分销模式多于水平型分销模式；在完全垄断市场，如果没有政府的干预或反垄断控制，则垂直一体化分销模式是垄断企业的必然选择。

此外，企业还必须具体考虑：目标市场的分布状况；顾客的数量、购买产品数量和购买习惯；竞争者状况，特别是其渠道模式；营销渠道中经销商的可得到性和可控制性等等。

4. 流通体系

社会化的流通体系格局及其发育程度对企业分销模式的选择也有一定的影响。如果目标市场区域内的交易市场不发达，商业中介组织规模小，经营能力低下，则更多的制造企业将

选择以自主投资、自我控制为主的垂直型分销模式。相反，在交易和展示交易等市场中介发达、批发和零售企业拥有很强分销能力的地区，大型制造企业往往愿意与流通中介机构展开分销合作，水平型分销模式被广泛采用，复合型模式也明显具有水平型模式的结构特点。

5. 企业的资源、能力及战略目标

选择何种分销模式与企业的资源、能力和市场战略目标有某种关系。这里主要考虑开拓营销通路的投资和维持营销通路的费用以及对市场营销动作的控制程度。要是自己拥有充足的要素资源，经营能力强，那么企业就有条件基于自身的资源能力建立营销渠道。因此，大企业和经营优势明显的企业，其分销模式的直接性、垂直性明显。相反，中小企业或经营能力不足的企业，需借助合作伙伴的分销才能实现分销目标，形成水平特征明显的分销模式。

从企业的市场战略考察，若企业以扩大产品销售及分销范围为主要目标，则它将寻求更多的营销合作伙伴，其分销模式的水平化程度较高。要是以控制区域市场和巩固市场地位为主要目标，则企业更乐意选择直接控制力强的垂直型分销模式。企业的资源、能力及不同的战略目标在复合型分销模式的主导性上也有明显反映。

6. 产品特点

产品特点与销售空间、物流过程及服务要求有关，因而与分销模式的选择也有密切关系。对于销售距离长、技术性能复杂和服务要求高的产品，由于完全依靠自己的分销体系和物流、业务能力很难适应和满足顾客的需要，因而企业必须发展广泛的分销合作关系，充分利用外部条件，其营销渠道的水平特征明显。相反，对于当地或近距离销售以及物流与售后服务要求比较简单的产品，企业一般选择垂直分销或以直接分销为主的复合型分销模式。

二、营销渠道模式

一个企业所处的行业、所营销的产品不同，其设计的营销渠道也有所不同。而且随着企业的发展，传统的营销渠道也要经过改造以适应现代营销的发展。建立完整、高效的营销渠道，必须选择合适的营销渠道模式。比较常见的营销渠道的选择模式主要有：经销商模式、代理商模式、直销模式、垂直营销渠道、水平营销渠道和多渠道营销渠道等模式。

1. 经销商模式

经销商模式是营销渠道中一种最为常见的方案。经销商模式主要由生产商、经销商、批发商和零售商构成。国外比较大的生产企业选用的方案大多是这种经销商模式。

经销商模式的优点是生产企业利用经销商现有的组织渠道批发系统和零售系统，将商品从生产企业传递到消费者手中。在这一传递过程中，生产企业通过与经销商建立良好的合作关系，形成与经销商共存共荣的联合体。经销商的优势在于有健全的营销网络，能够完成生产企业在目标市场的销售目标。生产企业的优势在于能够为渠道成员提供多方面的营销支持和优惠。

经销商模式的弱点就在于企业对经销商难以控制，如果发生利益冲突，就非常有可能使企业建立起来的营销渠道瘫痪。所以，用一定的经销商政策加以管理与控制是保证经销商模式顺利发挥作用的关键。

美的模式——批发商带动零售商

美的公司几乎在国内每个省份都设立了自己的分公司，在地市级城市建立了办事处。在某个区域市场内，美的公司的分公司和办事处一般通过当地的几个批发商来管理为数众多的零售商。批发商可以自由地向区域内的零售商供货。其销售渠道的组织结构如图2-6所示：

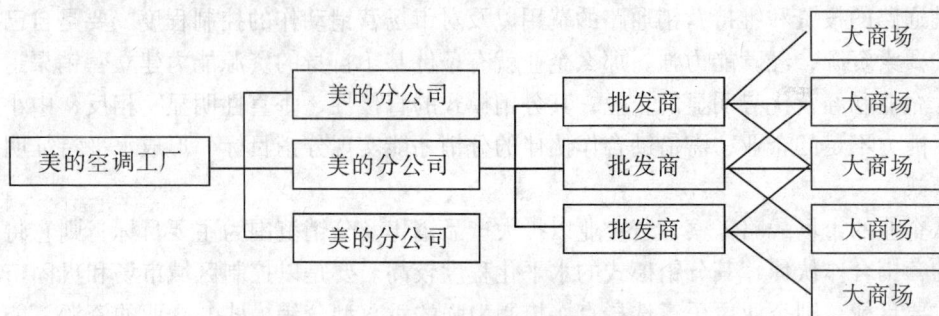

图2-6　美的空调销售渠道组织结构图

美的这种渠道模式的形成，与其较早介入空调行业及市场环境有关。美的利用这种模式从渠道融资，吸引经销商在淡季预付款，缓解资金压力。

2. 代理商模式

代理商模式是国际上通行的分销方式。其主要内容是代理商通过合同契约形式，取得生产企业产品的代理销售权或用户的代理采购权，交易完成后收取佣金。

代理商的选用一般出现在新的区域市场和专业产品的营销上。因为专业产品在营销过程中，需要专业的营销知识和技术知识，而这不是一般的经销商所能完成的。同时，对于新产品，由于新的目标市场还不容易测定，所以生产企业采用代理的方式，就容易获得中间商。尤其是生产企业在一个不熟悉的市场，利用代理商可以迅速打开市场。

代理商在市场中按照是否有独家代理权可以分为独家代理与多家代理。独家代理是指在某一市场（可能以地域、产品和消费者群等划分）中，厂商的某种特定的商品全部由该代理商代理销售。多家代理是指不授予代理商在某一地区、产品上的独家代理权，代理商之间并无代理区域划分，都为厂家搜集订单，无所谓"越区代理"，厂家也可在各地直销、批发商品。

按照是否有权授予代理权可以划分为总代理和分代理。总代理是指该代理商统一代理某一厂家某产品在某地区的销售事务，同时他有权指定分代理商，有权代表厂商处理其他事务。因此，总代理商必须是独家代理商。在总代理制度下，代理层次比较复杂，在某一市场中总代理为一级代理，分代理可以是二级代理或三级代理。

按照与厂家的交易方式有佣金代理和买断代理，最为常见的是佣金代理，它是一种纯粹的代理关系。

代理商模式对于节省厂家的财力，提高销售效率具有重要的意义。生产企业选用何种代理方式取决于产品的销售潜力、企业的营销基础设施和企业对代理商的管理水平等多方面的因素，所以要灵活运用独家代理和多家代理、买断代理和佣金代理以及总代理，使企业能够达到促进产品销售、占有市场的目的。

志高模式——区域总代理制

广东志高空调股份有限公司的前身只是一家空调维修厂，从 1998 年开始生产空调，经过短短几年，该公司销售量增长迅速，从零起步到 2001 年的 30 万台，远远超过行业平均发展水平。所以其营销渠道模式也被越来越多地关注，尤其对一些中小制造商来说，志高模式就是他们效仿的主要对象。志高模式的特点在于对经销商的倚重。志高公司在建立全国营销体系时，一般是在各省寻找一个非常有实力的经销商作为总代理，把全部销售工作交给该总代理商。这个总代理商可能是一家公司，也可能由 2~3 家经销商联合组成。和格力模式不同，志高公司在其中没有利益，双方只是客户关系，总代理商可以发展多家批发商或直接向零售商供货。志高的销售渠道结构如图 2-7 所示：

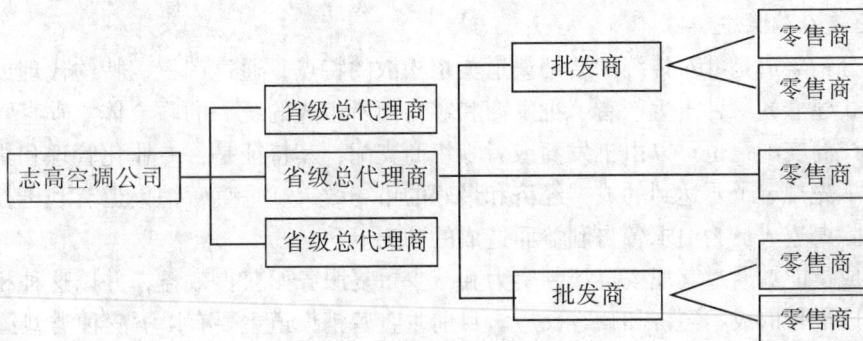

图 2-7 志高空调销售渠道结构图

3. 直销模式

直销是指生产厂家直接将产品销售给消费者，如戴尔电脑公司等。这种销售的方式主要有上门推销、邮购、制造商自设商店以及现代的互联网销售等。

直销的建设主要是依靠现代的营销媒介联网来获取顾客，如邮政系统、电信系统和互联网销售等。

直销模式与传统的分销模式相比具有比较明显的优势。因为直销关注的是与顾客建立一种直接的关系，让顾客能够直接与厂家互动，这种互动，不管是通过互联网，还是通过电话，或者是与销售员面对面互动，顾客都可以十分方便地找到他们需要的产品，并随时得到十分专业的服务。厂家可以准确了解顾客的信息，很好地跟踪顾客服务。

多数产品都适用直销模式，而且越来越多的人也愿意接受直销。之所以这样说，是因为直销不仅仅指面对面的销售，它也可以通过其他途径，与顾客建立互动关系。所有的大众化标准产品都有机会实现直销模式，而且可以节省很多用于销售渠道、代理商和展厅等方面的开支，把这些钱转送给顾客。这样产品更便宜，或者为用户提供更有成本效益的产品。

建立直销模式需要一定的条件。资产条件是最大的约束，首先是在广告上的投入。由于缺少面对面与顾客交流的机会和诸多的销售网点，直销厂商必须加大其他方面的宣传力度；其次，从表面上看，直销越过了分吃利润的中间商，节省了可观的销售成本。但事实是，公司首先得拥有一个日益庞大和复杂的全球信息和通信系统，包括免费的电话和传真支持，如戴尔平均每人要处理5万个以上的电话。同时，还要自己建立一支优秀的销售服务队伍。戴尔为弥补市场覆盖面和服务队伍精力上的缺陷，专门建立增值服务渠道，需要耗费较大的费用。与一般的 PC 厂商相比，需要更强大的计划、培训、投资和管理能力，而这一切确实是一笔不小的投入。当然，适合直销的高端产品也是一个重要的条件。

戴尔模式

在直销方面做得最好的是戴尔公司，所以直销模式又称为"戴尔模式"。所谓戴尔直销模式就是由戴尔公司建立一套与客户联系的渠道，由客户直接向戴尔发订单，订单中可以详细列出所需的配置，然后由戴尔"按单生产"。这种销售渠道模式的实质是简化、消灭中间商，从而节省销售成本和储存成本，通过与顾客直接沟通达到产品销售的目的。

4. 垂直分销渠道

垂直分销渠道是针对传统的营销渠道关系松散的特点，通过产权、特约代理或者加盟合作的方式建立的一种由生产者、批发商和零售商所组成的统一的联合体。垂直营销渠道可以由生产商支配，也可以由批发商或者零售商支配，其特征是：专业化管理和集中执行的组织，事先规定了要达到的成本经济和最好的市场效果。垂直营销渠道有利于控制渠道行动，消除渠道成员为追求各自利益而造成的冲突。

渠道成员能够通过其规模、谈判实力和减少重复服务而获得效益，并以这种相互联系的方式达成最佳的成本经济和顾客反应。目前垂直营销渠道主要有以下三种类型：

（1）公司式垂直营销渠道。公司式的垂直营销渠道是由同一个所有者名下的相关生产部门和分配部门组成的。这种营销渠道之间是由产权互相联系的。一般是一个企业通过收购渠道企业的股权，达到彼此之间的利益相通而得以控制渠道企业，这种模式使用的前提是生产商要有一定的经营规模和资产规模。康佳通过与成都的经销商共同组建合资企业而使其产品得以在成都站稳脚跟，应用的就是这种模式。

（2）管理式垂直营销渠道。管理式垂直营销渠道不是由同一个所有者属下的相关生产部门和分配部门组织形成的，而是由某一家规模大、实力强的企业出面组织的。即名牌生产商通过其在市场中的地位，在商品展销、货柜位置、促销活动和定价政策等方面取得经销商大力支持的一种营销渠道。显然对于生产商来说，这种模式是依靠其强大的市场地位形成的。

（3）契约式垂直营销渠道。这是生产商以契约为基础统一渠道成员的行动，以求得比独立行动时更大的经济和销售效果。在市场中，契约式垂直营销渠道的联系方式是契约，所以其建立的基础要比上面两种形式薄弱，但比较适合大多数企业。一般性的契约式垂直营销渠道主要有两种常见的形式：一种是代理制，另一种是加盟营销渠道。代理制是制造商通过组织各目标市场的代理商，以契约连接的方式，建立起批发或零售代理。加盟营销渠道主要存在于服务业，一般是由一个服务公司组织整个系统，以便将其服务有效地提供给消费者。如加盟快餐服务的麦当劳，通过与加盟的企业订立契约，提供给加盟企业管理、技术和店面指导等服务，从而迅速扩大营销渠道。

乐百氏桶装水垂直营销渠道

乐百氏进入桶装水市场之初，行业内最普遍的营销渠道模式是：供应厂商—水站—消费者。这些水站同时经营几种品牌的桶装水，且还经营各种杂货，送水服务和管理混乱无序，形象不佳。乐百氏考虑到这种水站的服务和形象极其不利于表现出乐百氏高品质的全国性品牌核心价值，其营销总监何宏远审时度势，全力推出大大区别于上述水站的新营销渠道——乐百氏加盟专卖水站。他们提出在让水站赢利的基础上，对加盟专卖水站进行系统、先进的营销管理。他们所合作的每个水站的有效半径是 1 公里，水站的顾客数量掌握在 1 000 户以上。桶装水需要上门推销送货，因此其分销模式与其他水饮料的差别很大，服务的内涵显得更丰富、复杂和重要。乐百氏饮用水公司要求加盟专卖店有统一的招牌、店面形象，对所有送水工人进行专业的培训，对专卖店的行为规范、服务流程、用语和动作都有详细的规定，小到送水员进入客户家庭，要衣着整洁、穿上鞋套，定期为客户清洗饮水机等等。这种做法操作起来非常艰辛，对一家家专卖店反复指导说明，成本相对其他桶装水商要高。但这一系列的服务品质保证，又反过来维护和提升了乐百氏的品牌价值。乐百氏开业之初，由于成本压力和对桶装水市场的不熟悉，使用"通用桶"灌装饮用水。但他们马上就意识到：这样很难区分不同厂家的桶装水。对乐百氏来说，即无法显示出品牌所具有的高品质、全国性品牌价值，又将使营销手段和总量无法达到更高层次，这简直是致命的缺陷。于是乐百氏公司很快就花巨资引进制桶生产线，生产具有充分反映乐百氏品牌形象和 CI 标识的识别系统的水桶。此举使乐百氏桶装水的产品品牌形象明显区别并领先于其他的地方品牌，从而开拓和确立了乐百氏高品质的市场形象，而其他一些小品牌即使降价也无法维持原有的市场。因此，乐百氏根据各地市场的差异化，定位经营乐百氏桶装水。由于中国地大人众，各区域市场的差异有时显得非常大，因此必须根据不同的市场情况，制定合乎营销规律和当地市场的相应营销方法。在北方的大部分市场，由于当地桶装水市场形成较晚，没有规模化企业。而且乐百氏根据这种群龙无首的状况，义不容辞地担当起桶装水领跑者的角色，以价高质优区别于其他低层次的水商，当地品牌桶装水价格是 8 ~ 10 元/桶，乐百氏则是 10 ~ 12 元/桶，而且乐百氏努力追求内容和品牌的性价相符。不到两年时间，在以北京为首的整个北方市场，乐百氏桶装水的市场覆盖率和销售额均取得了第一名的好成绩。

5. 水平式营销渠道

水平式营销渠道是由两个或两个以上的公司联合开发一个营销机会，从而获得共同发展的一种模式。一般采用这种模式是由于这些公司缺乏资本、技能、生产或营销资源来独自进行商业冒险，或者承担风险，或者它发现与其他公司联合可以产生巨大的协同作用。公司之间的联合可以是暂时性的，也可以是永久性的，也可以特意组建一个专门公司。我们国内把这种营销模式称为"捆绑式销售"，最为典型的例子是微软公司和戴尔公司，当他们发现他们的软件和硬件结合起来可以销售得更好的时候，这种水平式的营销模式就组建起来了。

推行捆绑式销售，不是任何企业都可以进行的，它有诸多条件的限制：首先，最重要的一点就是两个企业要具有一定的品牌优势，已经得到消费者的认知和了解，至少在目标销售市场上有一定的知名度。其次，进行捆绑式销售的双方要具有足够的诚意，能够以双方的利益为重，而不能仅把眼光盯在自身的利益上不放。再次，企业之间进行捆绑式销售，有一定的领域和合作项目的限制，只有那些市场信息多变、结构变革迅速和竞争激烈的产业领域，那些能给企业带来高附加值的项目，才适合搞捆绑式营销模式。同时企业还应该考虑到企业间联合的成本费用情况，只有合作所增加的收益大于联合所产生的成本时才能考虑运用捆绑式销售模式。最后，企业产品要具有互补性。否则的话，就达不到理想效果。如"泻立停"与餐巾纸进行捆绑式销售，只能让人产生反感。

6. 多渠道营销渠道

越来越多的公司采取多渠道进入相同或者不同的市场。多渠道是为两个不同层次的顾客提供商品。一方面，企业利用经销商或代理商为一部分顾客提供商品；另一方面，企业又通过自建的营销渠道为一些重要客户直接提供商品。这样做的目的是企业可以不再单纯依靠经销商，而通过自己的营销渠道取得更大的营销业绩。这种多渠道的营销渠道如果管理不好，就非常有可能与经销商发生矛盾，并使整个营销渠道有瘫痪的可能。

在企业实际的市场运作中，选用什么样的营销渠道模式，要基于企业的条件，并且随着市场的发展，营销渠道的变化要使得企业更接近市场。所以关注变化的动态可以使企业在市场中更具竞争力。

三、营销渠道分布策划

（一）营销渠道的区域分布

企业无论其分销机构或分销合作伙伴的销售空间有多大差异，都存在对分销机构分布的选择问题。分销机构的数量和分布取决于企业已经确定和准备拓展的目标市场。

在分销策划中，目标市场既可按区域划分，也可按消费群体划分。按区域划分，分销机构一般是企业的分销公司；按消费群体划分，分销机构一般是企业的产品部。目标市场按行政区域划分，各行政中心城市需要设立分销公司或分销合作机构；目标市场按经济区域划分，在经济发达、产业集中的城市需设立分销机构。目标市场按消费群体划分，产品部或代理商的分销区域就可以重叠。

（二）分销机构的密度安排

分销机构的经营能力以目标市场的潜容量为主要依据，容量大或潜力可观的区域市场，企业应当投入更多的资源，确保分销机构的数量和经营能力。在目标市场的潜容量已定的情况下，同一区域内设立多少分销机构，一般出于以下考虑：

1. 顾客数量、分布及购买习惯

目标区域内如果顾客众多，分布均匀，购买频率高且已形成就近购买的习惯，那么在同一区域内就应设立若干分销机构或网点，以保证分销网点分布有较高的密度。

2. 竞争对手的分销状况

目标区域内竞争者的分销机构数量、规模及分布状况是企业必须重视的参照因素。高密度分布有助于挤压竞争对手，但各分销机构难以体现规模效益。

3. 管理动机

在同一区域内设置一个分销机构便于营销主体的分销管理和业务支持，也能保证分销机构形成规模效益，而竞争压力则仅限于外部竞争对手。在同一区域分设若干分销机构有助于形成内部竞争机制，但会增加管理难度。因此，企业应当在权衡利弊并总结前期实践的基础上对分布密度做出选择。

各分销机构的规模恰当、区域分布密度合理，这既有助于发挥各分销机构的能力，调动其经营的积极性，又有利于加强管理，防止竞争对手乘虚而入瓜分市场。

（三）分销渠道环节设置

间接分销渠道可长可短。在企业的营销渠道或某一目标市场的分销渠道中，是尽量减少流转环节还是保留较多分销中介，这主要从分销渠道的成本、效率以及市场机会等方面考虑。减少中介环节有助于节约分销成本和提高分销效率，分销设计应提倡减少中介环节。但是，保留某一中介流转环节也有一定的好处：分销渠道中多一个中介环节，可相对缩短直接分销距离，提高营销渠道在中间环节间的密度，减少分销辐射的区域盲点以获得更多的市场机会。因此，分销渠道环节并非越少越好，这需要权衡利弊。

（四）选择营销渠道成员

营销渠道在现代的市场中承担着许多功能，促使市场竞争围绕着营销渠道的争夺而展开。在市场中存在着许多专门的经销商，他们也并不是随便就可以成为企业的营销渠道的，在竞争中企业需要建设一个专有的营销渠道。在企业的营销渠道中，中间商作为企业的分销合作伙伴，对实现营销目标和完善分销体系具有相当重要的作用。如何选择中间商，与中间商建立怎样的分销合作关系，需要掌握若干原则和技术标准。在营销实践中，企业也要根据中间商的分销合作效果适当调整合作对象和方式。

1. 选择中间商的原则

从营销渠道的角度考察，选择中间商应遵循以下几个原则：

（1）分销目的。企业对中间商的选择以企业属性和产业类别为基本出发点，按流通渠道的形成机理选择中间商作为合作伙伴。但是，由于企业的分销目的有很大差别，所以对中间商的选择并非按批发、再批发和零售环节逐一确定。

以拓展国际市场为目的，企业可选择国内出口企业或国外进口商。发展全国性分销，企业主要选择外埠的批发企业。如果为了占据更大的零售市场份额，则营销主体需要与经营连锁分销能力强的零售企业建立合作关系。

就制造企业而言，它们一般不会在同一区域无条件地与批发、零售两种中间商直接合作。对零售企业来讲，它们一般不再寻找分销合作伙伴，但在连锁方式下中小零售企业也可能以加盟方式成为大零售商的分销合作伙伴。

（2）分销能力。根据分销目的和自我分销能力，企业决定是否寻找合作伙伴，形成一定数量的分销合作机构。由于资源和能力方面的限制，即便设立销售分公司更有利于分销管理，营销主体仍可能选择中间商作为合作伙伴。制造商的生产能力强但分销能力有限，因而选择批发商作为分销伙伴。批发商缺乏零售能力，与远距离零售企业的业务往来不方便，因而可能选择本地零售商和异地批发商作为分销伙伴。

（3）竞争动机。企业的自我分销能力很强，扩大投资一般也就不存在财务障碍，但并非不需要发展分销合作关系。某些中间商的经营能力强，竞争优势特别明显，对当地市场十分熟悉，区位条件也很有利。这些中间商一旦被竞争对手利用并与竞争对手建立合作关系，就会对营销主体的现有市场产生相当大的威胁。因此，防范竞争对手和保护现有市场也是企业选择中间商的原则之一。营销企业应当与分销能力强的中间商建立稳定尤其是排他性分销的合作关系。

2. 选择中间商的评价标准

在分销策划中，选择中间商的原则与确定合作伙伴的标准略有差异：前者泛指一般，后者针对具体对象。根据选择中间商的基本原则，形成可供营销主体选择的一定数量的中间商。在此范围内，营销企业依据某些标准评价并择优确定合作对象。

（1）选择经销商。生产者为其选中的渠道吸引合格的经销商方面的能力是不同的。通常，企业寻找经销商需要考虑以下几个方面的条件：①经销商的市场范围；②经销商的产品政策；③经销商的地理区位优势；④经销商的产品知识；⑤预期合作程度；⑥经销商的财务状况及管理水平；⑦经销商的促销政策和技术；⑧经销商的综合服务能力。

一个企业的规模大小与所生产的产品决定其选择什么样的经销商。在现阶段，由于我国许多企业正在转制，所以要选择经销商就要根据其所有制的状况、经营的历史及地区经销商的构成状况来选择。

（2）选择代理商。许多人将代理商和经销商混为一谈，实际上，两者是有严格区分的。一般来讲，在经济生活中，代理商指企业委托商人销售商品或完成其他行为，以及国外企业委托国内商人销售商品或完成其他行为。其中受委托方就相应地成为代理商。而经销商主要指区域内批发商、零售商等中间商。代理商由于可以帮助企业迅速掌握市场、回避交易风险与投资风险，销售成本低，可以市场试销、减少交易次数、提供售后服务，所以对许多资金不足的专业产品来说，使用专业代理就非常合适。代理商按照是否有独家代理权分为独家代理与多家代理；按照是否有权授予代理权分为总代理与分代理；按照与厂家的交易方式而分为佣金代理与买断代理。选择合适的代理商主要有以下标准：①代理商的品德；②代理商的营业规模；③代理商的经营项目；④代理商的销售业绩；⑤代理商的业务拓展能力；⑥代理商的财务能力；⑦代理商的营业地址；⑧代理商的技术水平；⑨代理商的政治、社会影响力和背景；⑩同行对代理商的评价。

确定营销渠道，要求企业对代理商各方面进行严格审查，这是决定代理成败的关键。

小资料

企业如何管理中间商

企业在选择好中间商以后，更要注重对中间商的管理和监控。

1. 激励是不可缺少的方式

企业在与中间商的合作过程中，应多给中间商以激励和嘉奖。因为中间商在实现产品销售的既得利益后，最终也使企业实现了目标利益。

2. 坚持原则，特殊要求不让步

企业对于中间商的不合理要求，要坚决回绝，不留余地。格力空调的副总经理董明珠在处理中间商的问题上显得很果断，"应该控制中间商而不是被中间商控制，所有的中间商都应该平等"。

3. 注重与中间商的沟通，尊重中间商的意见

厂家应多听中间商的忠告和建议，因为他们对所在地的市场行情最为了解，也最有发言权。

4. 加强合作，保护中间商的利益

企业应当好中间商经营销售上的参谋，帮助客户搞好管理与销售。不是把产品推出去卖给中间商就算完事了，因为产品还要在中间商手中实现最终的销售。企业要与中间商共担风险，中间商需要企业的帮助，企业帮助中间商最终也是帮助企业自己。

（资料来源：www.chinayx.org，《企业如何开发管理中间商》）

（五）营销渠道成员合作方式选择

根据中间商的选择要求和评价标准，企业确定某些中间商作为合作伙伴对象，形成合作关系。此时，营销企业需要选择营销渠道成员合作方式。

1. 交易业务合作

在营销渠道中，企业与分销合作伙伴的主要业务是产品交易。实现交易的方式很多，而不同交易方式的稳定性不一。一方面，企业应保持分销合作关系的稳定性；另一方面，因经济、社会环境和市场状态的变化，因不同合作伙伴的分销效果，营销企业对分销伙伴也需进行调整。企业应从稳定和可调整两个角度出发，选择恰当的分销合作方式。

交易业务的分销合作方式有三种：一是经销合作，即营销主体以协议方式与中间商形成分销合作关系，经销商的数量在一定范围内有所控制，以比较优惠的价格或支付条件向经销商供货，并对经销商提出业务规范要求。二是代理合作，即营销主体在目标市场区域内寻找一个或若干个代理商，由代理商分销产品。在代理方式上，营销主体可采用总代理或一般代理两种方式。三是其他业务性合作，如营销主体以协议形式利用中间商的场所、人员展开分销业务，以租金、提成或其他方法给予中间商一定的利益回报。

利用何种方式与中间商形成分销合作关系，这同营销主体的偏好和业务传统有关，同中间商的愿望、要求也有关系。品牌竞争力强的制造商往往采用代理方式发展分销合作关系，对代理商有严格的评价标准。缺乏品牌影响力的中小企业重视经销合作关系，或在小区域范围内寻找代理企业。分销能力强的中间商希望获得区域总代理资格，并允许其发展下游环节的代理业务。同时，选择何种分销合作方式与企业的市场战略要求、目标市场重要性以及企业的直接分销能力也有联系。对于潜力大、距离较远的目标市场，如果企业自身的分销能力不足，则代理或总代理是比较理想的分销合作方式。

2. 投资合作

除了业务合作方式外，投资合作也普遍应用于企业的分销合作领域。为了稳定和拓展市场，营销主体与中间商可以共同出资组建分销公司，利用各自的某种优势建立合作分销机构，形成投资和品牌合作两种分销合作方式。

投资合作以利益分享、风险共担为原则，合作双方的交易关系稳固。在具体分工上，营销主体提供货源，分销公司负责产品销售，投资合作需要的资金主要由营销主体承担，因此，分销合作的拓展速度较慢。在某些重要的目标市场，除了设立分公司或寻找总代理

商外，营销主体也可以考虑采用这种合作方式。

品牌合作与业务合作有所区别，是无形资产与有形资产相结合的分销投资合作。营销主体以自己的品牌作为投资要素，中间商以具体业务能力和载体条件作为投入要素，配以少量资金投入，以特许、加盟和其他协议形式建立分销合作机构。这种分销投资合作方式的优点是分销机构的投入成本低、发展速度快，因而是比较流行的分销合作方式。

营销主体以何种投资方式发展分销合作伙伴，主要取决于投资能力和品牌价值。一般制造商经常采用投资合作方式来发展分销合作伙伴，品牌优势明显的制造商和连锁企业则倾向于采用品牌合作方式来发展分销合作伙伴以增强分销能力。

四、营销渠道管理策划

优秀的营销渠道具有良好的可控性，主要表现在营销渠道的管理与对成员的控制等方面。在任何一个企业的营销渠道中，各个渠道成员和营销主体之间都存在冲突与竞争，所以如何与成员建立一种良好的合作关系对企业的营销渠道的建设尤为重要。这种良好的合作关系要依靠企业建立一种有效的管理体系来完成。对成员的管理与控制主要包括：如何制定合适的经销商政策，如何激励经销商，如何控制区域市场以及如何对违反规则的经销商进行处罚等方面。可以说，对营销渠道成员管理水平的高低是决定营销渠道成败的关键。

在实际的运作中，企业要根据自己的实际情况，如资产、产品和管理水平与渠道的关系等来选择控制方式。营销渠道是企业营销竞争的核心，当一个企业在选择什么样的营销渠道时，就应该关注如何保持这个核心，以提高企业的竞争力，而保持核心的方法就是管理。选择什么样的营销渠道是重要的，如何管理这个渠道就更为重要。营销渠道管理的基本内容是经销商政策管理、终端管理、客户管理和营销渠道的评估与改进四个部分。

（一）经销商政策管理

经销商政策是保证畅通、促进企业与经销商"双赢"的重要条件。企业在制定经销商政策时，往往因为对经销商的激励和约束不够，导致经销商对终端铺货不积极、相互窜货和彼此之间压价竞争等问题的出现，使企业营销渠道混乱，难以控制渠道成员。所以制定对经销商有约束和激励作用的经销商政策是企业营销渠道建设的当务之急。经销商政策主要包括以下几个方面的政策：

1. 分销权及专营权政策

制定此政策的目的是确保经销商的专营权，限定经销商的销售区域，规范分销规模，防止窜货或占着市场不经营。其主要内容包括经销商区域限定、授权期限、分销规模和违约处理四个方面。

2. 返利政策

目的是激发经销商销售的积极性。其主要内容包括：返利的标准、返利的时间、返利的形式和返利的附属条件等。

3. 年终奖励政策

这一政策实质上是返利政策的一种。很多经销商和厂家比较看重这种形式，因而将其从返利政策中分离出来。其主要内容与返利政策一样，在应用中主要防止经销商为了拿年终奖励而将市场价格冲垮，所以应注意时间上的应用。

4. 促销政策

目的是促进销售，激发经销商销售的积极性。其主要内容包括：设定促销目标、设计促销力度刺激经销商的销售积极性、确定促销内容、设计促销的时间、对促销费用的申报管理、对促销活动进行管理及促销考评。

5. 客户服务政策

目的在于尽最大努力做到使客户满意。其主要内容包括：客户投诉处理程序、售后服务政策、配送制度、订发货程序、员工礼仪和客户接待制度等。将这些详尽的制度通报客户，从而确保客户满意。

6. 客户辅导培训政策

目的在于提高经销商的经营能力，促进企业和经销商之间的沟通。其主要内容包括：确定培训对象、内容、时间和地点等。

经销商政策关系到企业与经销商的关系、利益以及企业的营销制度建设方面的工作，在管理工作中具有重要的意义。

（二）终端管理

在现代的市场竞争中，强调终端市场建设具有重要的意义。销售工作的首要要求是把产品摆到零售点的柜台上，让消费者看得到、买得到。产品只有占据终端市场，在销售点上与顾客见面，才有可能被顾客购买。企业重视终端市场，可以通过布置终端（如展示、陈列和 POP 广告等方式），把自己的产品与竞争品牌区别开来，达到刺激消费者随机购买的目的。这对于企业掌握市场主动权，提高厂家对销售通路的调控能力，保证产品顺畅销售、加大经销商对厂家的依赖都具有重要意义。

在营销工作中，管理终端、促进市场生动化是终端管理的重要内容。具体包括以下三个方面的内容：

1. 确定终端的覆盖面

终端的覆盖面关系到企业分销整体布局的均衡状况。覆盖面太低，可能不利于企业占领市场，太高则有可能增加企业的销售成本。所以，确定适当的终端覆盖面很重要。一般的终端覆盖面涉及的目的主要有三个方面：保持企业各终端销售点的均衡发展、促进各终端销售点的协调、推动企业产品在市场上的有序扩张和可持续发展。

在具体的选择方案上，应考虑分销成本、市场覆盖率、企业对终端的控制能力以及企业后勤支持系统的跟进能力等。确定企业终端覆盖面可选择的方案有：

（1）密集终端。企业尽可能把大量的、符合最低信用标准的零售点都纳入企业的终端，最大限度地与消费者面对面。其缺点是销售成本比较高、不易控制。

（2）选择性终端。生产企业在特定的市场通过少数几个精心挑选的、最适合的分销商来销售本企业的产品。其优点是容易控制、成本较低，但覆盖面不大。

（3）独家终端。对于专业性和售后服务要求高的产品，独家终端比较好地解决了专业服务的问题。其缺点是市场覆盖面较小。

2. 布置终端

终端市场建设在当前的发展趋势就是标准化。即企业对产品陈列位、陈列面、产品结构、产品库存、POP、落地陈列（堆头）及维护方面做出具体的标准化规定。也就是说，要求终端售点按照企业的一定要求进行产品陈列和布置，企业销售人员也在拜访客户时给销售终端以指导和帮助。

3. 促进市场生动化

终端是直接与消费者面对面接触的地点。消费者能不能认同产品、注意到产品，很大程度上取决于产品在陈列时留给顾客什么印象，所以使售点市场生动化很关键。所谓生动化是在售点进行一切能够影响消费者购买产品的活动。生动化原则的内容包括三个方面：产品及售点广告的位置、产品及售点广告的展示方式和产品陈列及存货管理。可口可乐在长达100多年的历史里，销量不断增加，依靠的就是产品质量和形象质量。形象质量就是通过市场生动化将产品最好的形象展示给消费者。

（三）客户管理

当一个企业的营销渠道构架起来后，管理客户就是重要的工作。客户是企业销售体系的重要部分，是企业的重要资产之一。客户管理的实质就是如何有效地运营客户这项资产，对它进行开发、维护、运用并使其增值。

对客户管理的出发点就是既调动经销商的积极性，又要降低经销商可能给企业带来的风险。所以客户管理包括以下几个方面的内容：

1. 利益管理

利益是联系经销商与厂家的纽带，如果经销商不能赚到钱或赚钱太少，经销商就会离企业而去，精心构造的销售渠道就会土崩瓦解。企业要管理好客户，首先就要确保经销商能够赚到钱。让客户赚到钱不只是取决于企业的产品留给客户的差价有多大，更取决于企业的市场开拓与市场管理能力。为产品营造一个畅销的局面，为销售创造一个良好的秩序，是让客户赚钱的前提。

2. 支援和辅导经销商

支援和辅导经销商，即培训经销商以及厂家对经销商提供与销售有关的指导与帮助。一般经销商支援和指导内容比较多，主要有对经销商的经营管理提出意见，提供经营信息给经销商，提供广告、公关方面的指导与援助，指导经销商的店铺装修、产品陈列以及对经销商进行培训等内容。

3. 建立良好的客情关系

与经销商或者客户建立良好的关系是促进生产企业与客户接触的重要前提，感情可以弥补利益的不足之处。这是建立与客户双向沟通的重要条件。

4. 风险控制

经销商与生产企业是两家独立的法人，有着各自不同的经济利益。因此，有些经销商会为追求一己私利而置厂家利益于不顾，从而给企业带来风险。如窜货引起的市场混乱、低价抛售冲击市场和拖欠货款造成资金风险等。企业必须通过契约和法律的方法、利益的方法和客户关系来控制风险。

（四）对营销渠道的评估和改进

营销渠道建设的质量直接关系到企业营销能力的高低，评估营销渠道对于企业改进具有重要的意义。评价营销渠道主要包括以下几个方面：

（1）企业内部是否建立了有效的销售管理组织。这是企业能否给销售以迅速有效的支持的关键。

（2）企业是否有健全的客户管理制度。包括客户档案的建立、客户支持与指导管理制度和有效的防范风险机制等方面。

（3）企业是否建立了客户铺货管理制度。其目的是掌握铺货率，降低铺货风险。

（4）企业是否拥有良好的客情关系。

（5）企业是否采取了持续有效的促销活动。

未来的时代是竞争的时代，也是企业在营销渠道上竞争的时代。关注营销渠道的发展，关注营销渠道的创新动态，企业就拥有了在未来竞争中的制胜利器。

案例分析

案例2-3
"麦当劳"的特许经营制

"特许权合同"是指两个经营单位之间的法律关系和特许经营单位之间的法律关系。特许经销商（乙方）从特许者（甲方）处购买某成套许可证，并同意执行其原则。前者与后者的经营活动是分别进行的，但前者可以接受后者的全部产品或部分产品。通常，特许权合同要求前者向后者缴纳特许经营所得的利润，而前者按照其经营总销售额的一定百分数，可从后者获得其工资。后者还要经常提供管理培训、经营设备、装置设计和全国性销售服务。

特许权合同作为一种管理手段，已被许多行业所采用，如小型计算机行业、旅馆和汽车旅馆业以及快餐服务业。麦当劳公司就是运用这一管理手段鼓励技术普及的。下面将以它为例，对其经营情况进行讨论。

麦当劳公司是从事快餐馆特许经营的饮食业巨人，它自称是世界上最大的快餐服务组织，在全美50个州及其他26个国家开设了6 000家快餐馆，1990年的总营业额达62亿美元，与1989年相比增长了16%。该公司于1955年创立，当时创始人买下了第一家店铺。他的意愿是开办更多的店铺，安装由他的一位朋友发明的一种复式搅拌器（复式麦乳精搅拌器）。这个特许经营业的巨子，25年前在其开创时期就渴望促进技术转让。

特许经营组织，包括麦当劳公司在内，都不鼓励特许经销商进行革新。相反，新技术产品和工艺设计的开发都是在公司总部进行的。在这里，总是不断地试验和检查饮食服务的经营情况，以评估变革的需要。一般情况下，新设备的设想由公司的工程人员研究出来，然后由持有新产品制造许可证的小制造商进行生产。

麦当劳公司的特许经营方式最显著的特点是：它有一个高度自动化的饮食服务系统，并有很高的质量标准。设备和食品几乎全部都由特许者的总部提供，全套装备是公司按统一的设计式样制造的，这都有利于高度自动化的服务。全套经营设备几乎没有试验或采用新技术的余地。虽然麦当劳公司的某些特许经销代理商已经试图在食谱上加进一些新花样，但公司主要还是鼓励在公司最高一级进行革新研究。

特许权双方的关系，是以相互的资金和管理需求为基础的，它是高度灵活和不断变化的。按特许权合同规定，签约双方都要相互负责。合同中有专门条款保证特许经销商能使用公司总部推荐的新技术，以保持自动化经营的最高水准。由麦当劳公司的设备工程师研制、由独立制造商生产的技术产品，包括可以控制设备烹饪工序的计算机程序、包装汉堡包用的聚苯乙烯包装材料、带把柄的配套盘、用于烹饪的烤制圆面包的声像报时系统。公司管理部门负责向革新活动提供指导、管理和财务支持。

麦当劳公司在特许经营中成功地进行技术革新，关键之一是让当地商人管理特许经营。由指定的公司成员进行管理，这样的特许经营活动才能很快地发展起来。而特许经营活动的成功，使得各地的特许经销商更加欢迎公司总部提供的新技术或新管理方法。

要想对特许权合同这一管理方法做出评价，以评估它对技术革新的影响，就必须了解革新过程的每一个阶段，并根据预计的和竞争者的经营情况，测定出本组织的实际经营情况。为了达到使用统一设备的目标，麦当劳公司的特许经销商都必须接受用于饮食设备服务的全部新技术。

（资料来源：道客巴巴 http：//doc88. com/p – 9793780762. html）

讨论题

1. 麦当劳公司是怎样在全世界范围内实施特许经营的？
2. 举例说明我国企业怎样凭借特许经营制进入国际市场？

✕技能训练

1. 演练目的：掌握销售渠道的结构特点，培养销售渠道策划的能力。
2. 演练内容：参观访问不同类型的工商企业销售渠道，如一般企业、超市和电子商店等。
3. 演练组织：参观访问、撰写报告和分析讨论。
4. 演练考核：撰写销售渠道的评析及设计报告的 PPT，并进行展示。

任务探究

1. 在这个任务中你遇到了哪些困难？如何解决？

2. 从营销渠道角度看，选择中间商应遵循哪些原则？

任务四　开展促销活动

任务描述

现代社会不仅要求企业开发适销对路的产品，塑造良好的形象，制定吸引顾客的价格，使目标顾客易于取得他们所需要的产品，还要通过各种方式和目标市场之间双向传递有关信息，进行必要的促销活动。学生们通过对企业产品进行促销策划，加深对各种促销策划理论与方法的理解，培养各种促销策划的能力。

促销的实质是沟通，学生们通过本环节的学习将学会与团队成员进行沟通，与目标顾客进行沟通，与社会进行沟通，并学会运用广告、人员推销、公关活动的策划和各式营销推广等促销方式，培养营销意识以及说、写、策划等多方面能力，提高综合素质。

任务实施

步骤1：为模拟公司的产品制定广告策略。

步骤2：为模拟公司的产品制定人员推销策略。

步骤3：为模拟公司的产品制定公关策略。

步骤4：为模拟公司的产品制定营业推广策略。

步骤5：为模拟公司的产品写一份综合促销策划方案。

步骤6：师生互评。

附：评分标准

1. 事前准备（40%）
• 促销方案的选择符合产品特点（20%）

- 有新意，有特色（10%）
- 小组分工实施（10%）

2. 现场促销（60%）

- 海报宣传，制作精良（30%）
- 全组参与，团结默契（10%）
- 气氛热烈，促销效果良好（20%）

3. 综合成绩（100%）

- 学生评委评分（40%）
- 教师评委评分（60%）

A：90分以上；B：80~89分；C：70~79分；D：60~69分；E：60分以下。

附评分表（表2-8）如下：

表2-8 促销方案评分表

模拟公司名称	事前准备（40%）			现场促销（60%）			合计
	促销方案（20%）	创意特色（10%）	小组分工（10%）	广告制作（30%）	团队精神（10%）	促销效果（20%）	

📁 理论加油站

一、促销策略的定义

促销策略（Promotion）是市场营销组合的基本策略之一。它是指企业通过人员推销、广告、公共关系和营业推广等各种促销方式，向消费者或用户传递产品信息，引起他们的注意和兴趣，激发他们的购买欲望和购买行为，以达到扩大销售的一种手段。而通常将人员推销、广告、公共关系和营业推广称为"促销组合"。

二、人员推销

1. 人员推销的含义

人员推销是指企业派出推销人员直接与顾客接触、洽谈和宣传商品，以达到促进销售目的的活动过程。人员推销不仅存在于工商企业中，而且存在于各种非营利组织及各种活动中。营销专家认为，今天的世界是一个需要推销的世界，大家都在以不同形式进行推销，人人都是推销人员。科研单位在推销技术，医生在推销医术，教师在推销知识。可见推销无时不在，无处不在。

企业可以采取多种形式开展人员推销：

（1）可以建立自己的销售队伍，使用本企业的销售人员来推销产品。推销队伍中的成员又称推销员、销售代表、业务经理和销售工程师。他们又可分为两类：一类是内部销售人员；另一类是外勤推销人员。

（2）可以使用合同销售人员，按其销售额付给佣金。

2. 人员推销的特点

与广告、销售促进等促销方式相比，人员推销有其特有的优势：

（1）有亲切感。推销人员深深知道，满足顾客需要是保证销售达成的关键。因此，推销人员总愿意在许多方面为顾客提供服务，帮助他们解决问题。推销人员通过与顾客面对面地交流，消除疑惑，加强沟通。同时，双方在交流过程中可能建立起信任和友谊关系。

（2）有说服力。推销人员通过现场示范，介绍商品功能，回答顾客问题，可以立即获知顾客的反应，并据此适时调整自己的推销策略和方法，容易使顾客信服。

（3）针对性强。广告所面对的范围广泛，其中有相当部分根本不可能成为企业的顾客。而推销人员总是带有一定的倾向性去访问顾客，目标明确，往往可以直达顾客。因而，其无效劳动较少。

（4）有竞争力。各个推销人员之间很容易产生竞争，在一定物质利益机制驱动下，会促使这一工作做得更好。

尽管人员推销有上述优点，但并不意味着在所有的场合都适合采用这一方式。人员推销的成本费用较高，在市场范围广泛而买主又较分散的状态下，显然不宜采用此方法；相反，在市场密集度高、买主集中（如有些生产资料市场）的情况下，人员推销则可扮演重要角色。由于人员销售可以提供较详细的资料，还可以根据顾客需求的情况，提供其他服务，所以它最适合于推销那些技术性较强的产品或新产品；而一般标准化产品则不必利用人员销售，以免增加不必要的支出。

3. 推销人员的条件

一个理想的推销员应该具有何种特征呢？其基本条件主要有以下几点：

（1）健康的心理。世界卫生组织对"健康"的定义是"不仅仅是未患疾病，还包括心理和社交活动正常"。心理和社交活动正常对推销人员很重要，这包括：

①对现实与他人的认识趋于准确客观。心理健康者对现实世界及他人的认识是客观的、如实的，很少受主观偏见的影响，这样才能根据正确的信息采取合理的行动。

②对事实持现实的态度。心理健康者是现实的，他们往往能承受各种挫折，对人也不会过分苛刻。

③广泛而深厚的人际关系。推销人员善于与他人接近，能和大多数人和睦相处，经常表现出友善、耐心和合作的愿望。

（2）坚强的意志。意志是人自觉地确定目的，并根据目的来支配和调节自己的行动，克服各种困难，从而实现目的的心理过程。意志的作用在于自觉努力去保证意识目的的实现，并使主体克服各种障碍，并服从前进的目标。

①明确自己的责任。在市场经济条件下，推销员工作十分重要，有人称之为"火车头"。推销员工作上去了，企业的整体发展就有了保证。为此，推销员要有强烈的责任感。

②深知工作性质。推销人员就是要和不同的顾客打交道。从了解顾客、上门与顾客接洽直到成交，每一关都荆棘丛生，没有平坦大道可走。面对困难，坦然相迎。同时，推销

员将公众利益、企业利益结合起来，所以应该理直气壮，并为此感到自豪，不卑不亢，无惧无畏。

③以勤为径，百折不挠。一项调查表明，48%的推销员在第一次拜访用户后便放弃了继续推销的意志；25%的推销员在第二次拜访用户后放弃了继续推销的意志；12%的推销员在第三次拜访用户后放弃了继续推销的意志；5%的推销员在第四次拜访用户后放弃了继续推销的意志。只有10%的推销员锲而不舍，而他们的业绩占了全部销售额的80%。

（3）复合的个人特性。一个成功的推销员应该具有何种特性呢？有人认为推销员应该是外向的和精力充沛的，然而有许多成功的推销员却是内向的和态度温和的。其实，推销员的个人特性是由他们的责任决定的（见表2-9）。

表2-9 推销员个性决定表

推销员的责任	有关个人的特性
挖掘潜在顾客的需要	主动、机智、多谋、富有想象力、具有分析能力
宣传产品	知识丰富、热诚、富有语言天分、有个性
说服顾客	有说服力、具持久力、机智多谋
答辩	有自信心、知识丰富、机智、有远见
成交	有持久性、有冲劲、有自信心
日常访问报告、计划和访问编排	有条不紊、诚实、留意小节
以服务建立企业信誉	友善、有礼貌、乐于助人

三、广告策略

（一）广告的概念与种类

广告（Advertising）是为了促进商品销售，以广大消费者为广告对象，以传播商品或劳务等有关经济信息为内容，通过支付一定的费用让特定的媒体对产品进行宣传的一种促销手段。

（二）广告策略

企业的广告策略，包括确定广告目标、广告预算、选择广告媒体和广告效果评价等内容。对每一个内容的管理，都必须将其置于总系统中去把握。

1. 确定广告目标/任务

一个企业要实施广告决策，首先要确定广告活动的具体目标。没有具体有效的广告目标，企业就不可能对广告活动进行有效的决策、指导和监督，也无法对广告活动效果进行评价。广告目标的确定取决于企业产品和市场定位的情况，最基本的目标是达到促销目的，但是不要忽略市场定位和产品定位。

确定广告的目标，应注意以下原则：

（1）广告的目标要易于测定。1961年美国广告学家罗素·赫·科利（Russell·Colley）撰写了《制定广告目标以测定广告效果》的论文，提出了一个切实可行的广告目标确定方法，即从可以衡量的广告效果出发，拟定某个特定时间序列的广告目标，然后将广告效果测定结果同广告目标进行对比。科利的理论最重要的主题是，有效的广告目标是既明确又能测定的。测定广告效果的关键，也在于如何界定明确的广告目标。一般来说，抽象的目标只能反映出目标的性质和方向，但缺乏操作性，难以实施。因此，目标要尽可能具体。

（2）广告目标要服从企业营销总目标。广告作为企业营销工作的一部分，必须有助于企业营销目标的实现，而不能脱离营销工作的方向，甚至在进度、步骤等方面也必须服从整体工作的进程。

（3）广告目标的确定要获得有关部门的同意。为了减少企业内部不必要的干扰，更为了协调策划、财务和营销等部门的关系，争取各方面的理解和支持，企业营销部门在制定广告目标时应征求多方面意见，并获得他们的同意。

2. 广告预算

促销经费是有限的，预算的决策有很多的方法，一般都是用销售额比例法。企业的广告预算主要是以企业的销售额作为基准，加上一定的百分比。企业确定广告预算的主要方法有以下几种：

（1）销售百分比法。这是以一定期限内的销售额的一定比率计算出广告费总额。由于执行的标准不一，又可细分为计划销售额百分比法、上年销售额百分比法和两者的综合折中百分比法，以及计划销售增加额百分比法四种。

（2）利润百分率法。这种方法在计算上较简便，同时使广告费和利润直接挂钩，适合于不同产品间的广告费分配。但是，这一方法对新上市产品显然不合适，新产品上市需要做大量广告，广告开支比例自然就大。

（3）目标任务法。这是根据企业的战略目标确定广告目标，确定为达到这个目标而必须执行的工作任务，然后估算完成这些任务所需要的广告预算。这一方法较为科学，尤其对新产品发动强有力的推销是很有益处的；这一方法可以灵活地根据市场营销的变化（如广告阶段不同、环境变化等）来调整费用。同时，也较易于检查广告效果。

目标任务法的缺点是没有从成本的观点出发来考虑某一广告目标是否值得追求。因此，如果企业能够先按成本来估计各目标的贡献额，然后再选择最有利的目标付诸实现，则效果更佳。

（4）量力而行法。这种方法为不少企业所采用。即企业确定广告预算的依据是他们所能拿得出的资金数额，企业根据其财力情况来决定广告开支。当然，这一方法也有一定的片面性，因为广告是企业的一种促销手段，其目的是促进销售；当广告费投入不到位时，有可能影响目标的实现。广告的创意、策划要引起消费者的购买欲望，达到让消费者购买的目的，这是核心内容。

3. 选择广告媒体

广告媒体的作用在于把产品的信息有效地传递到目标市场。广告的效用不仅与广告信息有关，也与广告主所选用的广告媒体有关。事实上，要使人们对某项产品产生好感，这样的职责是由广告信息、广告信息的表现方式（广告作品）和适当的广告媒体共同承担的。同时，在广告宣传中所运用的广告媒体不同，广告费用、广告设计、广告策略和广告效果等内容都是不同的。因此，在广告活动中要认真选择广告媒体。

企业在选择媒体时要考虑如下因素：

（1）目标顾客的媒体习惯。人们在接受信息时，一般是根据自己的需要和喜好来选择媒体的。比如，教育程度高的人，接受信息的来源往往偏重于因特网和印刷媒体；老年人则有更多的闲暇时间用于看电视和听广播；在校大学生偏爱上网和听广播。分析目标顾客的媒体习惯，能够更有针对性地选择广告媒体，提高广告效果。

（2）媒体特点。不同媒体的市场覆盖面、市场反应程度和可信性等均有不同的特点，具体见下表（表2－10）：

表2－10　不同媒体类型特点表

媒体种类	覆盖面	反应程度	可信性	寿命	保存价值	信息量	制作费用	吸引力
报纸	广	好、快	好	较短	较好	大而全	较低	一般
杂志	较窄	差、慢	好	长	好	大而全	较低	好
广播	广	好、快	较好	很短	差	较小	低廉	较差
电视	广	好、快	好	很短	差	较小	很高	好
邮政	很窄	较慢	较差	较长	较好	大而全	高	一般
户外	较窄	较快	较差	较长	较好	较小	低	较好
因特网	广	较快	较好	短	差	一般	高	一般

（3）产品特性。不同性质的产品，有不同的使用价值、使用范围和宣传要求，在展示其形象时也对媒体有不同要求。如性能较为复杂的技术产品，需要一定的文字说明，较适合印刷媒体；面向专业人员，应多选用专业性杂志；而对一般生活用品，则适合选用能直接传播到大众的广告媒体，如广播、电视等；服装之类的产品，最好通过有色彩的媒体做广告，如电视、杂志等。

（4）媒体费用。不同媒体所需成本也是媒体选择所必须考虑的因素之一。考虑媒体费用不能仅仅分析绝对费用，如电视媒体的费用高、报纸媒体的费用低等，更要研究相对费用，即沟通对象的人数构成与费用之间的相对关系等。

（三）广告设计的原则

1. 真实性

广告的生命在于真实。一方面，广告的内容要真实（语言文字、画面和艺术手法得当）；另一方面，广告主与广告商品也必须是真实的，如果广告主根本不生产或经营广告中所宣传的商品，甚至连广告主也是虚构的单位，那么广告肯定是不真实。企业应依据真实性原则设计广告，这也是一种商业道德和社会责任。

2. 社会性

广告是一种信息传递，在传播经济信息的同时，也传播了一定的思想意识，必然会潜移默化地影响社会文化、社会风气。广告不仅是一种促销形式，而且是一种具有鲜明思想性的社会意识形态。

3. 针对性

广告的内容和形式要富有针对性，即对不同的商品、不同的目标市场要有不同的内容，采取不同的表现手法。这实际上是广告定位的内容。

4. 艺术性

广告是一门科学，也是一门艺术。广告把真实性、思想性和针对性寓于艺术性之中。这要求广告设计者要构思新颖，语言生动、有趣、诙谐，图案美观大方，色彩鲜艳和谐，广告形式要不断创新。

四、营业推广

（一）营业推广的定义

营业推广（Sales Promotion），又称"销售促进"，是指企业运用各种短期诱因鼓励消费者和中间商购买、经销或代理企业产品和服务的促销活动。

人员推销、广告和公关都是常规性的促销方式。而多数营业推广方式则是非常规性和非经常性的，只能是它们的补充方式。也就是说，营业推广不能单独使用，要配合其他促销方式一起使用。

（1）营业推广是非常规性、非经常性的行为。与人员推销、广告等经常性促销手段相比，销售促进不能经常使用，只适合于在一定时期、一定任务的短期性促销活动中使用。

（2）适合营业推广的品种有限。在大多数情况下，品牌声誉不高的产品采用销售促进的较多，而名牌产品则主要依靠品牌形象取胜，过多地使用销售促进可能会降低其品牌声誉。同时，销售促进实质上表现为经济利益的让渡，所以对于价格弹性较大的产品比较适用，而价格弹性小、品质要求高的产品则不宜过多地使用销售促进手段。

（3）营业推广手段多样。销售促进依据对象不同，可以分为三种类型，即面向消费者销售促进、面向中间商销售促进和面向本企业推销员销售促进。

（4）短期效应明显。人员推销和广告一般需要一个较长周期才能显示出效应，而销售促进只要选择得当，其效应能很快地体现出来。

（二）销售促进形式

1. 对中间商的销售促进

对中间商的销售促进，目的是吸引他们经营本企业产品，维持较高水平的存货，抵制竞争对手的促销影响，获得他们更多的合作和支持。

其主要销售促进方式有：

（1）销售津贴。销售津贴也称"销售回扣"，这是最具代表性的销售促进方式。这是为了感谢中间商而给予的一种津贴，如广告津贴、展销津贴、陈列津贴和宣传津贴等。

（2）列名广告。企业在广告中列出经销商的名称和地址，告知消费者前去购买，提高经销商的知名度。

（3）赠品。赠品包括赠送有关设备和广告赠品。前者是向中间商赠送陈列商品、销售商品、储存商品或计量商品所需要的设备，如货柜、冰柜、容器和电子秤等。后者是一些日常办公用品和日常生活用品，上面都印有企业的品牌或标志。

（4）销售竞赛。这是为了推动中间商努力完成推销任务的一种促销方式，获胜者可以获得现金或实物奖励。销售竞赛应事先向所有参加者公布获奖条件、获奖内容。这一方式可以极大地提高中间商的推销热情。如获胜者的海外旅游奖励等已被越来越多的企业所采用。

（5）业务会议和展销会。企业一年举行几次业务会议或展销会，邀请中间商参加。在会上，一方面介绍商品知识，另一方面现场演示操作。

2. 对消费者的销售促进

对消费者的销售促进，是为了鼓励老顾客继续购买、使用本企业产品，激发新顾客试用本企业产品的欲望。其主要方式（见表2-11）有：

（1）赠送样品。企业免费向消费者赠送商品的样品，促使消费者了解商品的性能与特点。样品赠送的方式可以派人上门赠送，也可以通过邮局寄送，可以在购物场所散发，也可以附在其他商品上赠送等。这一方法多用于新产品促销。

（2）有奖销售。这是通过给予购买者一定奖项的办法来促进购买。奖项可以是实物，也可以是现金。常见的有幸运抽奖，顾客只要购买一定量的产品，即可得到一个抽奖机会，多买多奖。或当场摸奖，或规定日期开奖。也可以采取附赠方式，即对每位购买者另赠纪念品。

（3）现场示范。利用销售现场进行商品的操作表演，突出商品的优点，显示和证实产品的性能和质量，刺激消费者的购买欲望，这属于动态展示，效果往往优于静态展示。现场示范特别适合新产品推出，也适用于使用起来比较复杂的商品。

（4）廉价包装。在产品质量不变的前提下，使用简单、廉价的包装，而售价则有一定削减，这是很受长期使用本产品的消费者欢迎的。

（5）折价券。这是可以以低于商品标价购买商品的一种凭证，也可以称为"优惠券"、"折扣券"。消费者凭此券可以获得购买商品的价格优惠。折价券可以邮寄、附在其他商品中或在广告中附送。

表2-11　常用的销售促进方式

销售促进对象	销售促进方式
消费者	赠送样品、有奖销售、现场示范、廉价包装、免费品尝、折价券、展销会
中间商	销售津贴、列名广告、赠品、销售竞赛、招待会、培训、展销
企业内推销员	奖金、推销会议、推销竞赛、旅游

五、公共关系策略

（一）概念及特征

公共关系指企业在从事市场营销活动中，正确处理企业与社会公众的关系，以便树立企业的良好形象，从而促进产品销售的一种活动。公共关系有以下几方面特征：

（1）公共关系是一定社会组织与其相关的社会公众之间的相互关系。

（2）公共关系的目标是为企业广结良缘，在社会公众中创造良好的企业形象和社会声誉。

（3）公共关系的活动以真诚合作、平等互利和共同发展为基本原则。

（4）公共关系是一种信息沟通，是创造"人和"的艺术。

（5）公共关系是一种长期活动。

（二）作用

公共关系是一门"内求团结，外求发展"的经营管理艺术，是一项与企业生存发展休戚相关的事业。

1. 搜集信息，监测环境

产品形象信息：指消费者对本企业产品的各种反应与评价。

企业形象信息：公众对企业组织机构的评价；公众对企业经营管理水平的评价；公众对企业人员素质的评价；公众对企业服务质量的评价。

企业内部公众的信息。

其他信息：有关社会经济的信息，包括投资者的投资意向、竞争者的动态、顾客的需求变化以及国内外政治、经济、文化和科技等方面的重大变化。

2. 咨询建议，决策参考

这一职能是利用所搜集到的各种信息，进行综合分析，考查企业的决策和行为在公众中产生的效应及影响程度，预测企业决策和行为与公众可能意向之间的吻合程度，并及时、准确地向企业的决策者提供咨询，提出合理可行的建议。

3. 舆论宣传，创造气氛

这是指公共关系作为企业的"喉舌"，将企业的有关信息及时、准确、有效地传送给特定的公众对象，为企业树立良好的形象，创造良好的舆论气氛。

4. 交往沟通，协调关系

企业是一个开放系统，不仅内部各要素需要相互联系、相互作用，而且需要与系统外部环境进行各种交往、沟通。交往沟通是公关的基础，任何公共关系的建立、维护与发展都依赖于主客体之间的交往、沟通。协调关系，不仅要协调企业与外界的关系，还要协调企业内部的关系，增强凝聚力。

5. 教育引导，社会服务

这是指通过广泛、细致、耐心的劝服性教育和优惠性、赞助性服务，来诱导公众对企业产生好感。对企业内部，向成员输入公关意识，引发企业内部各部门及全体成员都重视企业整体形象和声誉；对外部，通过劝服性教育和实惠性社会服务，使社会公众对企业的行为、产品等产生认同和接受。

（三）活动方式和工作程序

1. 活动方式

公共关系的活动方式，是指以一定的公关目标和任务为核心，将若干种公关媒介和方法有机地结合起来，形成一套具有特定公关职能的工作方法系统。

（1）宣传性公关。是运用报纸、杂志、广播和电视等各种传播媒介，采用撰写新闻稿、演讲稿、报告等形式，向社会各界传播企业有关信息，以形成有利的社会舆论，创造良好气氛的活动。

（2）征询性公关。通过开办各种咨询业务、制定调查问卷、进行民意测验、设立热线电话、聘请兼职信息人员和举办信息交流会等各种形式，连续不断地努力，逐步形成效果良好的信息网络，再将获取的信息进行分析研究，为经营管理决策提供依据，为社会公众服务。

（3）交际性公关。通过语言、文字的沟通，为企业广结良缘，巩固传播效果。可采用宴会、座谈会、招待会、谈判、专访、慰问、电话和信函等形式。此类公关直接、灵活、亲密，富有人情味，能深化交往。

（4）服务性公关。通过各种实惠性服务，以行动去获取公众的了解、信任和好评，以开展既有利于促销又有利于树立和维护企业形象与声誉的活动。如消费指导、消费培训和免费修理等。

（5）社会性公关。通过赞助文化、教育、体育和卫生等事业，支持社区福利事业，参与国家、社区重大社会活动等形式来塑造企业的社会形象，提高企业的社会知名度和美誉度。此类公关公益性强，影响力大，但成本较高。

总的来说，公关的目的是为了树立企业形象，进而达到促销的目的。

2．工作程序

（1）公共关系调查。这是开展公共关系的基础和起点。通过调查，能了解和掌握社会公众对企业决策与行为的意见。据此，可以基本确定企业的形象和地位，可以为企业监测环境提供判断条件，为企业制定合理决策提供科学依据等。其包括企业基本状况、公众意见及社会环境三方面内容。

（2）公共关系计划。合理的计划是公关工作持续高效的重要保证。制定公关计划，要以公关调查为前提，依据一定的原则，来确定公关工作的目标，并制定科学合理而可行的工作方案，如具体的公关项目、公关策略等。

（3）公共关系实施。正确地选择公共关系媒介和确定公共关系的活动方式是十分必要的。公关媒介应依据公共关系工作的目标、要求、对象和传播内容以及经济条件来选择；公关的活动方式则宜根据企业的自身特点、不同发展阶段、不同的公众对象和不同的公关任务来选择。

（4）公共关系检测。公关计划实施效果的检测，主要依据社会公众的评价。通过检测，企业能衡量和评估公关活动的效果，在肯定成绩的同时，发现新问题，为制定和不断调整企业的公关目标、公关策略提供重要依据，也为企业的公共关系成为有计划的持续性工作提供必要的保证。

六、促销策略组合

促销策略组合研究的是对各促销手段的选择及在组合中侧重使用某种促销手段。一般有以下三种倾向。

（一）推式策略

推式策略是指利用推销人员与中间商促销，将产品推入渠道的策略。这一策略需利用大量的推销人员推销产品，它适用于生产者和中间商对产品前景看法一致的产品。推式策略风险小、推销周期短、资金回收快，但其前提条件是须有中间商的共识和配合。如图2-8所示：

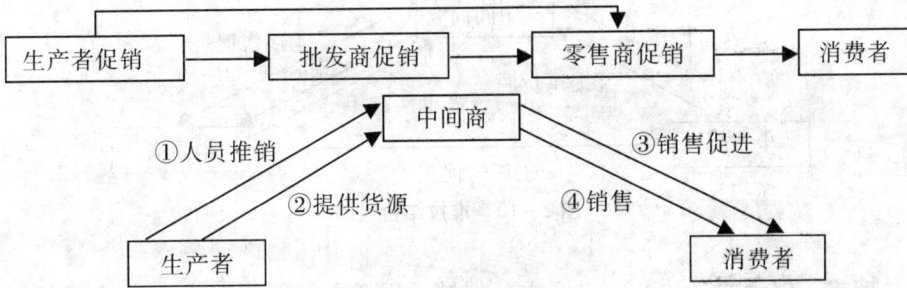

图2-8 推式策略

推式策略常用的方式有：派出推销人员上门推销产品，提供各种售前、售中和售后服务促销等。

（二）拉式策略

拉式策略是指企业针对最终消费者所展开的广告攻势，把产品信息介绍给目标市场的消费者，使人产生强烈的购买欲望，形成迫切的市场需求，然后"拉引"中间商纷纷要求经销这种产品。如图2-9所示：

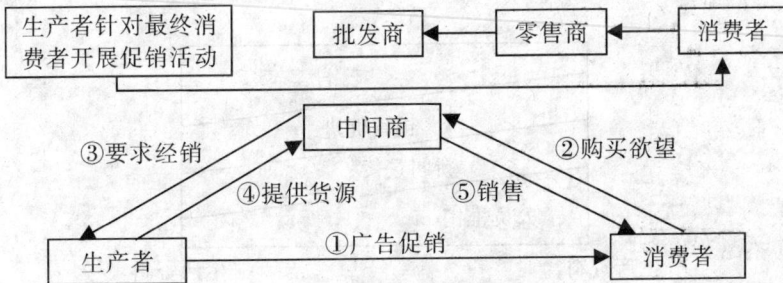

图2-9 拉式策略

在市场营销过程中，由于中间商与生产者对某些新产品的市场前景常有不同的看法，因此很多新产品上市时，中间商往往因过高估计市场风险而不愿经销。在这种情况下，生产者只能先向消费者直接推销，然后再拉引中间商经销。

拉式策略常用的方式有：价格促销、广告、展览促销、代销和试销等。

（三）推拉结合策略

在通常情况下，企业也可以把上述两种策略配合起来运用，在向中间商进行大力促销的同时，通过广告刺激市场需求。其程序如图2-10所示：

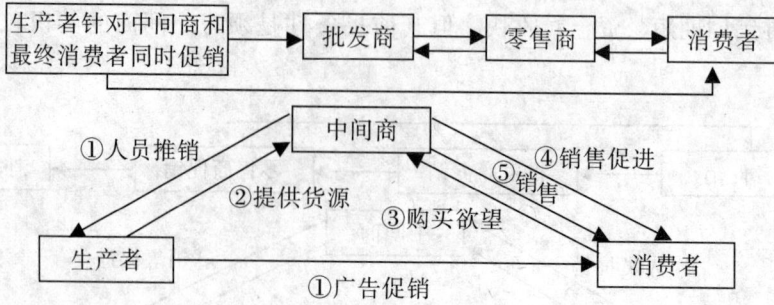

图 2 - 10　推拉结合策略

在"推式"促销的同时进行"拉式"促销，用双向的促销努力把商品推向市场，这比单独利用推式策略或拉式策略更为有效。

（四）影响促销组合的因素

由于不同的促销手段具有不同的特点，企业要想制定出最佳组合策略，就必须对促销组合进行选择。企业在选择最佳促销组合时，应考虑以下因素。

1. 产品类型

产品类型不同，购买差异就很大，不同类型的产品应采用相应的促销策略。一般来说，消费品主要依靠广告，然后是销售促进、人员推销和新闻宣传；生产资料主要依靠人员推销，然后是销售促进、广告和新闻宣传。如图 2 - 11 所示：

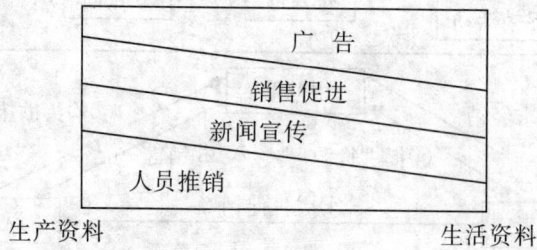

图 2 - 11　不同产品的各种促销方式的相对重要程度

2. 产品生命周期

处在不同时期的产品，促销的重点目标不同，所以采用的促销方式也有所区别（见表 2 - 12）。从表中可以看出，在导入期和成熟期，促销活动十分重要，而在衰退期则可降低促销费用支出，缩小促销规模，以保证足够的利润收入。

表 2 - 12　产品生命周期与促销方式

产品生命周期	促销的主要目的	促销主要方法
导入期	使消费者认识商品，使中间商愿意经营	广告介绍，对中间商用人员推销方式
成长期和成熟期	使消费者感兴趣，扩大市场占有率，使消费者形成"偏爱"	扩大广告宣传，搞好营业推广
衰退期	保持市场占有率，保持老顾客和用户，推陈出新	适当的销售促进，辅之广告，减价

3. 市场状况

市场需求情况不同，企业应采取的促销组合也不同。一般来说，市场范围小，潜在顾客较少以及产品专用程度较高的市场，应以人员推销为主；而对于无差异市场，因其用户分散、范围广，则应以广告宣传为主。

📁案例分析

案例 2 -4

失败的试吃

试吃产品几乎已成为一种最通俗有效的促销手段，特别是在新产品上市推广时期，消费者试吃过产品以后觉得好的话就能直接产生购买行为。而且，在食品品类越来越多的今天，免费试吃便于让顾客轻松地在一大堆食品中找出最符合自己口味的产品。

因此，我们经常会在逛商场、超市的时候喝到商家提供的免费的咖啡和牛奶，吃到免费的饼干、果脯，嚼到免费的口香糖等。但不同的厂家和商家，其操作免费试吃活动的效果差别很大。

一个生产袋装熟食的厂家为了推广其新出的熟食产品系列，在某超市开展免费试吃促销活动。他们的工作人员将促销台放在了超市入口处的显眼位置，促销台设计得很精致，颜色也很醒目，老远就能引起人们的注意。一名促销小姐把该熟食系列切成很多小块，放在一个小盘子中，为方便顾客食用，还在盘子边上摆着几根牙签。

当时是周末的下午四时左右，超市门口人来人往，该公司的促销小姐也始终很热情地招呼顾客来试吃，围过来看一看的人也不少，但除了几个孩子偶尔来凑凑热闹吃吃外，试吃者一直寥寥。而且，活动当日该熟食产品系列也销量无几。

显然，这是一次失败的试吃活动，该公司的工作人员感到迷惑不解。

（资料来源：阿里巴巴生意经 http：//baike.1688.com/doc/view - dl600164.html）

讨论题

请同学们分析一下试吃失败的原因。

✕技能训练

由学生自由组合成研究性学习项目小组，每5~6人为一小组，每小组选取一家企业的产品认真调查分析其促销策略，收集资料并进行归纳、总结，指出该企业促销方案的成功之处与不足的地方，并提出改进方案。上课时，每小组派一个代表阐述本组的观点。

任务探究

1. 怎样才能有效地提高促销的效率？

2. 举一些你身边常见的促销例子，并加以分析。

项目三　营销管理

项目目标

一、知识目标

1. 掌握盈亏平衡点分析法
2. 了解市场占有率分析法
3. 掌握撰写营销策划方案的方法
4. 了解如何实施营销控制
5. 了解什么是营销管理

二、能力目标

1. 能运用盈亏平衡点分析法
2. 会运用市场占有率分析法
3. 会撰写营销策划方案
4. 会实施营销控制
5. 会进行营销管理

项目背景

在全面学习前两个项目的基础上，为了提升学生的综合素质和营销管理水平，特在此项目中引入营销管理和撰写营销策划方案的内容，这是对前面所学知识的一个全面综合应用。

项目分解

任务一：营销业绩分析

任务二：市场营销管理

任务一　营销业绩分析

⬜ 任务描述

这一环节主要是通过对模拟公司产品的盈亏平衡点分析、市场占有率分析来学习市场营销的相关技术分析工具的应用。

📖 任务实施

步骤1：对模拟公司产品的销售前景进行盈亏平衡点分析。

步骤2：对模拟公司产品的市场占有率进行分析。

步骤3：试用波士顿理论对产品的销售进行分析。

🗂 理论加油站

市场营销业绩分析是市场营销策略制定的基础。而进行营销业绩分析可利用的技术手段有：市场占有率分析、盈亏平衡点分析等手段。下面加以详细介绍：

一、市场占有率分析

（一）市场占有率的概念

市场占有率是指某企业的某种产品在某时期的销售量或销售额与市场上同类产品在该时期的全部销售量或销售额之比，其计算公式为：

市场占有率=本企业某产品某时期销售量（额）／市场上同类产品该时期总销售量（额）×100%

这是由一个销售量（额）指标演化出来的相对指标，它反映了企业在市场竞争中的地位，是市场分析中的一个非常重要的指标。市场占有率应分品种、分地区、分时期进行统计。

对商业企业而言，其市场占有率的计算公式为：

商业企业某商品市场占有率＝本企业经营某商品的销售量（额）/同类商品的社会销售量（额）×100%

如果无法取得市场同类产品总销售量的全面统计资料，可以采取下列估算方法近似地反映企业的市场占有率：

（1）生产企业的市场占有率，可用企业某种产品的产量占同类品全部产量的比率来间接反映。不过在市场疲软的情况下，这种估算方法偏差较大。

（2）商业批发企业的市场占有率，可用本企业的收购量占该产品全部产量或商品量的比率来间接反映。

（3）选择有代表性的若干零售企业，以本企业产品在这些零售企业中的销售量占同类产品销售总量的比例来间接反映。

（4）对一定数目的消费者或用户进行抽样调查，以他们购买本企业产品的数量占其购买同类产品总量的比率来间接反映。

（二）市场占有率的变化分析

分析市场占有率的变化可以计算市场扩大（缩小）率指标。这个指标是本期市场占有率与上期市场占有率之比，用来分析企业市场地位的上升（或下降）趋势，其计算公式如下：

市场扩大（缩小）率＝本期市场占有率/上期市场占有率×100%

分析市场占有率的变化还可以用统计图直接描述其曲线趋势。一般来说，市场占有率的变化有五种类型：①占有率逐渐增加；②曲线上下波动，逐渐下降；③在上下反复中略增；④平平发展；⑤中途下跌。

企业可以将本企业市场占有率的历史数据与行业市场占有率数量界限结合起来进行分析。在市场调查的基础上，企业可以根据以往占有率的高低，参考行业市场占有率的数量界限，确定本企业市场占有率变化的中心线及高低控制线。这里，高低控制线是市场占有率围绕中心线上下变化的标准差。

例如，某公司根据历史资料计算出该公司在某市的市场占有率为25%，以此作为市场占有率的中心线，并设定其变化的标准差为±10%，则市场占有率的变化区间为15%～35%。如图3-1所示：

市场占有率（％）

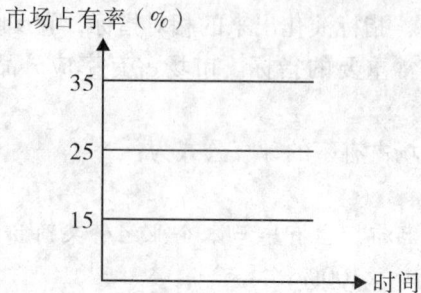

图 3 - 1

在市场占有率控制图的基础上，可以进一步分析企业市场地位的变化状况。如果公司的市场占有率在高低控制线内变化，说明企业的市场地位比较稳定；如果公司的市场占有率超出高控制线，通常表明该公司产品畅销，有竞争力，但有时也可能是因为产品已经进入衰退期，别的企业退出了市场；如果公司的市场占有率低于控制线或长期处于中心线偏下的位置，则表明该公司产品滞销，或者出现了新的竞争对手，或出现了新的市场需求动向，需要企业密切关注，及时采取新的对策。

（三）市场占有率相关指标分析

在分析企业的市场状况时还应该把市场占有率与一些相关指标结合起来，以做出综合评价，这就需要运用到相关分析工具。这里重点介绍波士顿矩阵图。

1．定义

波士顿矩阵（BCG Matrix），又称"市场增长率"、"相对市场份额矩阵"、"波士顿咨询集团法"、"四象限分析法"和"产品系列结构管理法"等，是由美国著名的管理学家、波士顿咨询公司的创始人布鲁斯·亨德森于1970年首创的一种用来分析和规划企业产品组合的方法。这种方法的核心在于，要解决如何使企业的产品品种及其结构适应市场需求的变化的问题，只有这样，企业的生产才有意义。同时，如何将企业有限的资源有效地分配到合理的产品结构中去，以保证企业收益，是企业在激烈的竞争中能否取胜的关键。

波士顿矩阵认为一般决定产品结构的基本因素有两个，即市场引力与企业实力。

市场引力包括企业销售量（额）增长率、目标市场容量、竞争对手强弱及利润高低等。其中最主要的是反映市场引力的综合指标——销售增长率，这是决定企业产品结构是否合理的外在因素。

企业实力包括市场占有率、技术能力、设备能力、资金利用能力等。其中市场占有率是决定企业产品结构的内在要素，它直接显示出企业的竞争实力。销售增长率与市场占有率既相互影响，又互为条件：市场引力大，市场占有率高，可以显示产品发展的良好前景，企业也具备相应的适应能力，实力较强；如果仅有市场引力大，而没有相应的高市场占有率，则说明企业尚无足够实力，而该种产品也无法顺利发展。相反，企业实力强，而市场引力小的产品也预示了该产品的市场前景不佳。

通过以上两个因素的相互作用，会出现四种不同性质的产品类型，形成不同的产品发展前景：①销售增长率和市场占有率"双高"的产品群（明星类产品）；②销售增长率和市场占有率"双低"的产品群（瘦狗类产品）；③销售增长率高、市场占有率低的产品群

（问号类产品）；④销售增长率低、市场占有率高的产品群（现金牛类产品）。

2. 基本步骤

（1）基本原理。本法将企业所有产品从销售增长率和市场占有率的角度进行再组合。在坐标图上，以纵轴表示企业销售增长率，横轴表示市场占有率，各以 10% 和 20% 作为区分高、低的中点，将坐标图划分为四个象限，依次为"问号（?）"、"明星（★）"、"现金牛（¥）"和"瘦狗（×）"。在使用中，企业可将产品按各自的销售增长率和市场占有率归入不同象限，使企业现有产品组合一目了然，同时便于对处于不同象限的产品做出不同的发展决策。其目的在于通过产品所处不同象限的划分，使企业采取不同决策，以保证其不断地淘汰无发展前景的产品，保持"问号"、"明星"、"现金牛"产品的合理组合，实现产品及资源分配结构的良性循环。

（2）基本步骤。主要包括：①核算企业各种产品的销售增长率和市场占有率。销售增长率可以用本企业的产品销售额或销售量增长率表示。时间可以是一年或三年甚至更长时间。市场占有率可以用相对市场占有率或绝对市场占有率，但是要用最新资料。基本计算公式为：

本企业某种产品绝对市场占有率＝本企业该产品销售量/该产品市场销售总量

本企业某种产品相对市场占有率＝本企业该产品市场占有率/该产品市场占有份额最大者（或特定的竞争对手）的市场占有率

②绘制四象限图。以 10% 的销售增长率和 20% 的市场占有率为高低标准分界线，将坐标图划分为四个象限。然后把企业全部产品按其销售增长率和市场占有率的大小，在坐标图上标出其相应位置。定位后，按每种产品当年销售额的多少，绘成面积不等的圆圈，按顺序标上不同的数字代号以示区别。定位的结果即将产品划分为四种类型，即明星产品、现金牛产品、问号产品、瘦狗产品。如图 3-2 所示：

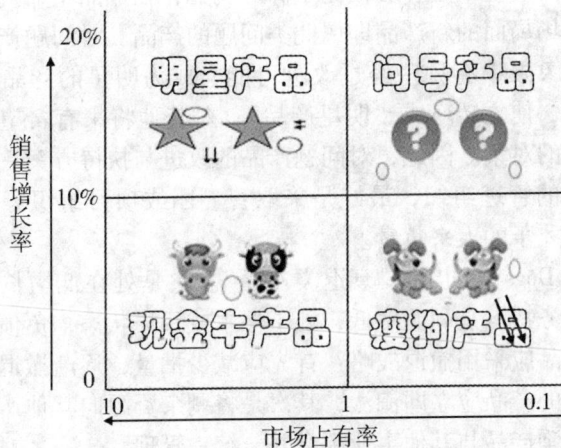

图 3-2　不同产品类型的四象限图

3. 对策

波士顿矩阵对于企业产品所处的四个象限具有不同的定义和相应的战略对策。

（1）明星产品（Stars）。它是指处于高增长率、高市场占有率象限内的产品群，这类产品可能成为企业的现金牛产品，需要加大投资以支持其迅速发展。企业应采用的发展战略是：积极扩大经济规模和市场机会，以长远利益为目标，提高市场占有率，加强竞争地位。发展战略以及明星产品的管理与组织最好采用事业部形式，由对生产技术和销售两方面都很内行的经营者负责。

（2）现金牛产品（Cash Cow），又称"厚利产品"。它是指处于低增长率、高市场占有率象限内的产品群，已进入成熟期。其财务特点是销售量大、产品利润率高、负债比率低，可以为企业提供资金，而且由于增长率低，也无须增大投资。因而其成为企业回收资金，支持其他产品，尤其是明星产品投资的后盾。对这一象限内的大多数产品，市场占有率的下跌已成为不可阻挡之势，因此可采用收获战略，即所投入资源以达到短期收益最大化为限：①把设备投资和其他投资尽量压缩；②采用榨油式方法，争取在短时间内获取更多利润，为其他产品提供资金。对于这一象限内的销售增长率仍有所增长的产品，应进一步进行市场细分，维持现有市场增长率或延缓其下降速度。对于现金牛产品，适合用事业部制进行管理，其经营者最好是市场营销型人物。

现金牛业务指低市场成长率、高相对市场份额的业务，这是成熟市场中的领导者，它是企业现金的来源。由于市场已经成熟，企业不必大量投资来扩展市场规模，同时作为市场中的领导者，该业务享有规模经济和高边际利润的优势，因而会给企业带来大量财源。企业往往用现金牛业务来支付账款并支持其他三种需要大量现金的业务。如果一家公司只有一个现金牛业务，说明它的财务状况是很脆弱的。因为如果市场环境一旦变化导致这项业务的市场份额下降，那么公司就不得不从其他业务单位中抽回现金来维持现金牛的领导地位，否则这个强壮的现金牛可能就会变弱，甚至成为瘦狗。

（3）问号产品（Question Marks）。它是处于高增长率、低市场占有率象限内的产品群。前者说明市场机会大、前景好，而后者则说明在市场营销上存在问题。其财务特点是：利润率较低，所需资金不足和负债比率高。例如，在产品生命周期中处于引进期、因种种原因未能开拓市场局面的新产品即属此类问题的产品。对问题产品应采取选择性投资战略，即首先确定该象限中有哪些经过改进可能会成为明星的产品，并对其进行重点投资，提高市场占有率，使之转变成"明星产品"；对其他将来有希望成为明星的产品则在一段时期内采取扶持的对策。因此，对问题产品的改进与扶持方案一般均列入企业的长期计划中。对问题产品的管理组织，最好是采取智囊团或项目组织等形式，选拔有规划能力、敢于冒风险、有才干的人来负责。

（4）瘦狗产品（Dogs），也称"衰退类产品"。它是处在低增长率、低市场占有率象限内的产品群。其财务特点是利润率低，处于保本或亏损状态，负债比率高，无法为企业带来收益。对这类产品应采用撤退战略：首先应减少批量，逐渐撤退，对那些销售增长率和市场占有率均极低的产品应立即淘汰；其次是将剩余资源向其他产品转移；第三是整顿产品系列，最好将瘦狗产品与其他事业部合并，统一管理。

4. 应用法则

按照波士顿矩阵的原理，一方面，产品市场占有率越高，创造利润的能力就越大；另一方面，销售增长率越高，为了维持其增长及扩大市场占有率所需的资金亦越多。这样可以使企业的产品结构实现产品互相支持、资金良性循环的局面。按照产品在象限内的位置及移动趋势的划分，形成了波士顿矩阵的基本应用法则。

第一法则：成功的月牙环。在企业所从事的事业领域内各种产品的分布若显示月牙环形，这是成功企业的象征，因为盈利大的产品不只一个，而且这些产品的销售收入都比较大，还有不少明星产品。问题产品和瘦狗产品的销售量都很少。若产品结构显示的是散乱分布，说明其事业领域内的产品结构未规划好，企业业绩必然较差。这时就应区别不同产品，采取不同策略。

第二法则：黑球失败法则。如果在第三象限内一个产品都没有，或者即使有，其销售收入也几乎等于零，可用一个大黑球表示。该种状况显示企业没有任何盈利大的产品，说明应当对现有产品结构进行撤退、缩小的战略调整，考虑向其他事业领域渗透，开发新的事业领域。

第三法则：西北方向大吉。一个企业的产品在四个象限中的分布越是集中于西北方向，则显示该企业的产品结构中明星产品越多，越有发展潜力；相反，产品的分布越是集中在东南角，显示其瘦狗类产品数量大，说明该企业产品结构衰退，经营不成功。

第四法则：踊跃移动速度法则。从每个产品的发展过程及趋势看，产品的销售增长率越高，为维持其持续增长所需的资金量也相对越高；而市场占有率越大，创造利润的能力也越大，持续时间也相对长一些。按正常趋势，问题产品经明星产品最后进入现金牛产品阶段，标志着该产品从纯资金耗费到为企业提供效益的发展过程。但是这一趋势移动速度的快慢也影响到其所能提供的收益的大小。

如果某一产品从问题产品（包括从瘦狗产品）变成现金牛产品的移动速度太快，说明其在高投资与高利润率的明星区域的时间很短，因此对企业提供利润的可能性及持续时间都不会太长，总的贡献也不会大；相反，如果产品发展速度太慢，在某一象限内停留时间过长，则该产品也会很快被淘汰。

这种方法假定一个组织有两个以上的经营单位组成，每个单位产品又有明显的差异，并具有不同的细分市场。在拟定每个产品的发展战略时，主要考虑它的相对竞争地位（市场占有率）和业务增长率。以前者为横坐标，后者为纵坐标，然后划分为四个象限，各经营单位的产品按其市场占有率和业务增长率高低填入相应的位置。

在本方法的应用中，企业经营者的任务，是通过四象限法的分析，掌握产品结构的现状及预测未来市场的变化，进而有效地、合理地分配企业经营资源。在产品结构调整中，企业的经营者不是在产品到了"瘦狗"阶段才考虑如何撤退，而应在"现金牛"阶段时就考虑如何使产品造成的损失最小而收益最大。

5. 运用战略

在充分了解了四种业务的特点后还须进一步明确各项业务单位在公司中的不同地位，从而进一步明确其战略目标。通常有四种战略目标分别适用于不同的业务。

（1）发展。以提高经营单位的相对市场占有率为目标，甚至不惜放弃短期收益。要是问题类业务想尽快成为明星类业务，就要增加资金投入。

（2）保持。投资维持现状，目标是保持业务单位现有的市场份额，对于较大的"现金牛"可以此为目标，以使它们产生更多的收益。

（3）收割。这种战略主要是为了获得短期收益，目标是在短期内尽可能地得到最大限度的现金收入。对处境不佳的现金牛类业务及没有发展前途的问题类业务和瘦狗类业务应视具体情况采取这种策略。

（4）放弃。目标在于清理和撤销某些业务，减轻负担，以便将有限的资源用于效益较高的业务。这种目标适用于无利可图的瘦狗类业务和问题类业务。一个公司必须对其业务加以调整，以使其投资组合趋于合理。

6. 局限性

波士顿矩阵法的应用不但提高了管理人员的分析和战略决策能力，同时还帮助他们以前瞻性的眼光看问题，更深刻地理解企业各项业务活动之间的联系，加强了业务单位和企业管理人员之间的沟通，及时调整企业的业务投资组合，收获或放弃萎缩业务，加大在更有发展前景的业务中的投资，紧缩那些在没有发展前景的业务中的投资。

但同时也应该看到这种方法的局限性。如由于评分等级过于宽泛，可能会造成两项或多项不同的业务位于同一个象限中；由于评分等级带有折中性，使很多业务位于矩阵的中间区域，难以确定使用何种战略。同时，这种方法也难以同时顾及两项或多项业务的平衡。

因此，在使用波士顿矩阵法时要尽量占有更多资料，审慎分析，避免因方法的缺陷而造成决策的失误。

二、盈亏平衡点分析

（一）盈亏平衡点的定义

盈亏平衡点（Break Even Point，简称 BEP）又称零利润点、保本点、盈亏临界点、损益分歧点和收益转折点。通常是指全部销售收入 等于全部成本时（销售收入线与总成本线的交点）的产量。以盈亏平衡点为界限，当销售收入高于盈亏平衡点时企业盈利，反之，企业就亏损。盈亏平衡点可以用销售量来表示。如图 3-3 所示：

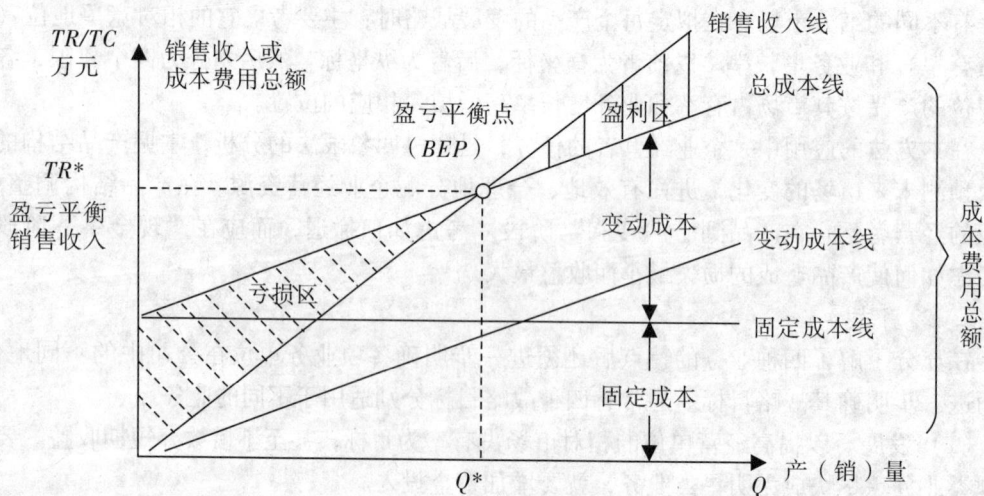

图 3-3 盈亏平衡点图

（二）计算公式

$$BEP = Cf / (P - Cu - Tu)$$

其中，BEP 为盈亏平衡点时的产（销）量；Cf 为固定成本；P 为单位产品销售价格；Cu 为单位产品变动成本；Tu 为单位产品营业税金及附加。

由于单位产品税金及附加常常是单位产品销售价格与营业税及附加税率的乘积，因此其公式可以表示为：

$$BEP = Cf / [P \times (1 - r) - Cu]$$

其中，r 为营业税金及附加的税率。

按实物单位计算：

盈亏平衡点＝固定成本／（单位产品销售收入－单位产品变动成本）

按金额计算：

盈亏平衡点＝固定成本／（1－变动成本／销售收入）＝固定成本／贡献毛率

（三）盈亏平衡点的三种计算方法

（1）根据固定费用、产品单价与变动成本，计算保本产量的盈亏平衡点。

项　目	单位	金额
固定成本／固定费用	元	20 000
产品单价	元	10
材料成本／变动成本	元	5
需要多少产量才能保本？	台	4 000
盈亏平衡点＝固定费用÷（产品单价－变动成本）		

（2）计算保本产量，根据产量与目标利润计算最低售价的盈亏平衡点。

生产多少台产品保本?		
固定费用	万元	2 700
产品单价	元	800
单位变动成本	元	600
盈亏平衡点/年需销售量	万台	13.5
计算最低售价的盈亏平衡点		
年产量	万台	12
目标利润	万元	40
产品最低售价	元	828.33
产品最低售价 = ［（固定费用 + 维持企业运转的利润）+（产量×单位变动成本）］÷产量		

（3）分析找出固定成本与变动成本，计算盈亏平衡点。

> 收入 – 成本 = 利润
> 收入 –（固定成本 + 变动成本）= 利润

盈亏平衡点就是利润为零的时候。

> 所以：收入 –（固定成本 + 变动成本）= 0
> 即是：收入 – 固定成本 = 变动成本

可在 Excel 中制表测算：

收入	1 100	
固定成本	500	
变动成本	600	
利润	0	收入 –（固定成本 + 变动成本）= 0
变动成本	600	收入 – 固定成本 = 变动成本

例如：每个产品销售单价是 10 元，材料成本是 5 元，固定成本（租金、管理费等）是 20 000 元，那么需要多少产量才能保本?

> $10 \times Y - 20\ 000 = 5 \times Y$
> $Y = 4\ 000$

所以只有产量高于这个数量才能盈利，低于这个数量就亏损。所以这个产品的盈亏平衡点就是 4 000。

这是理想化了的。现实中，固定成本如机器的折旧、场地的租金、管理人员的工资；变动成本如产品的材料成本、计件工资、税金；还有半变动成本如水电费、维修费等都难以准确估计。

在 Excel 中制表测算：

固定成本	元	20 000
产品单价	元	10
材料成本	元	5
需要多少产量才能保本呢？	台	4 000
盈亏平衡点 = 固定费用 ÷（产品单价 − 变动成本）		

📁案例分析

案例 3-1

波士顿矩阵分析在实际案例中的运用

上海和达汽车零部件有限公司是由某国内上市公司与外商合作的，生产汽车零部件的企业。公司于1996年正式投产，配套厂家有上海大众、一汽大众、上海通用、东风柳汽、吉利和湖南长丰等。

和达公司的主要产品分成五类：一是挤塑和复合挤塑类（密封条、侧嵌条、车顶饰条等）；二是滚压折弯类（车门导槽、滑轨、车架管梁等）；三是普通金属焊接类（汽车仪表板横梁模块）；四是激光焊接类（铝镁合金横梁模块）；五是排挡杆类（手动排挡总成系列）。

和达公司产品的波士顿矩阵（见图 3-4）分析：

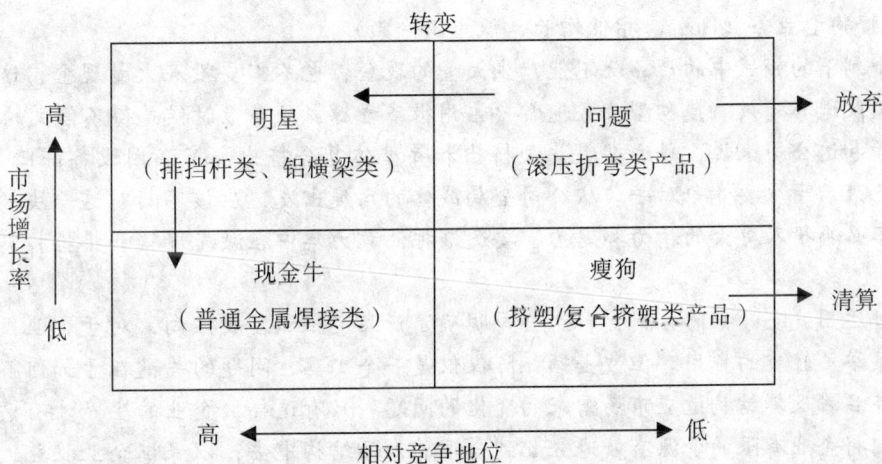

图 3-4 和达公司产品的波士顿矩阵图

1. 问题型业务（Question Marks，指高增长、低市场份额）

处在这个领域中的是一些投机性产品，这些产品可能利润率高但占有的市场份额很小。公司必须慎重回答"是否继续投资业务"这个问题。只有那些符合企业发展长远目标、发挥企业长期优势和能够增强企业核心竞争力的业务才能得到肯定的回答。

从和达公司的情况来看，滚压折弯类产品由于技术含量不高、门槛低，未来市场的竞争程度必然加剧。所以对于这类产品，最好就是舍弃。由于目前它还能带来利润，不必迅速退出，只要维持目前必要的市场份额，公司不必再增加投入。当竞争对手太多时，则可以舍弃。

2. 明星型业务（Stars，指高增长、高市场份额）

这个领域中的产品处于快速增长的市场中并且占有支配地位份额，但也许不会产生正现金流量。但因为市场还在高速成长，企业必须继续投资，以保持与市场同步增长，并击退竞争对手。

对于和达公司来说，铝横梁类的真空电子束焊接系统是国内第一家，具有技术上的领先优势。因此，企业应该加大对这一产品的投入，以继续保持技术上的领先地位。对于排挡杆类产品，由于国内在这个领域的竞争程度还不太激烈，因此可以考虑进入。和达公司应该把这类产品作为公司的明星业务来培养，要加大对这方面的资金支持，在技术上应充分利用和寻找国外已具有同等类似产品的厂商进行合作。

3. 现金牛业务（Cash Cows，指低增长、高市场份额）

处在这个领域中的产品产生大量的现金，但未来的增长前景是有限的。由于市场已经成熟，企业不必大量投资来扩大市场规模。同时，作为市场中的领导者，该业务享有规模经济和高边际利润的优势，因而能给企业带来大量现金流。

对于和达公司来说，其普通金属焊接类产品即是现金牛类产品。由于进入市场的时机较早，产品价格不错，每年都能给企业带来相当的利润。因此，对和达公司来说，对于金属焊接类产品，应该保持住目前的市场份额，把从这个产品中获取的利润投入到铝横梁类和排挡杆类产品中去。

4. 瘦狗型业务（Dogs，指低增长、低市场份额）

这个剩下的领域中的产品既不能产生大量的现金，也不需要投入大量现金，这些产品没有希望改进其绩效。瘦狗型业务通常要占用很多资源，且多数时候是得不偿失的。

对于和达公司来说，普通塑料异型挤出和异型体复合挤出类产品因设备陈旧等原因，在国内已落后于主要竞争对手。从公司全局战略的角度出发，应该不断对这一块领域进行收缩，不必再投入更大的精力和财力，要逐渐把注意力集中在激光焊接和排挡杆类的业务上去。

通过运用波士顿矩阵分析，和达公司明确了产品定位和发展方向，对于企业投资的选择起到了举足轻重的作用。但波士顿矩阵仅仅是一个工具，问题的关键在于如何解决使企业的产品品种及其结构适应市场需求的变化的问题。只有这样，企业的生产才有意义。同时，如何将企业有限的资源有效地分配到合理的产品结构中去，以保证企业收益，是企业在激烈竞争中能否取胜的关键。

讨论题

请同学们就该案例谈谈对自己有什么启发。

✖技能训练

一、波士顿矩阵的应用

某一酒类经销公司经营A、B、C、D、E、F、G 7个品牌的酒品，公司可用资金为50万元。经过对前半年的市场销售统计分析，发现：

（1）A、B两个品牌业务量为总业务量的70%，两个品牌的利润占到总利润的75%，在本地市场占主导地位。但这两个品牌是经营了几年的老品牌，从去年开始市场销售增长率已呈下降趋势，前半年甚至只能维持原来的业务量。

（2）C、D、E三个品牌是新开辟的品牌。其中C、D两个品牌前半年表现抢眼，C品牌的销售增长了20%，D品牌增长了18%，且在本区域内尚是独家经营。E品牌是高档产品，利润率高，销售增长率也超过了10%，但在本地竞争激烈，该品牌其他两家主要竞争对手所占市场比率达到70%，而该公司只占到10%左右。

（3）F、G两个品牌的市场销售下降严重，有被C、D两品牌替代的趋势，且在竞争中处于下风，并出现了滞销和亏损现象。

针对上述情况，根据波士顿矩阵原理，你认为该企业的明星产品、问题产品、瘦狗产品和现金牛产品分别是哪些？企业应采取哪些措施？

二、盈亏平衡分析法的应用

生产某一产品的固定成本是86 000元，售价为每台65元，每台的材料费是20元，工资为7元，其他变动成本为4元。

求：

（1）该企业盈亏平衡点的产品产量？

（2）由于市场竞争激烈，产品必须降价销售，现价格下降10%，此时盈亏平衡点的产量为多少？

任务探究

1. 除了以上所提到的方法之外，还有哪些常见的营销分析技术手段？

2. 如何运用波士顿矩阵将企业有限的资源有效地分配到合理的产品结构中去？

任务二　市场营销管理

📑任务描述

这一环节是对前面所学知识的一个综合运用和技能的提高。也就是首先学习如何进行营销管理，然后通过撰写营销策划书，掌握市场营销策划书的构成要素、撰写技巧，具备策划人应有的素质与能力，特别是营销策划个案分析的能力及营销策划实践训练的能力。

📖任务实施

步骤1：为公司制定一个最新的营销战略，并对公司的组织结构进行优化。

_____

步骤2：为模拟公司的新产品撰写一份营销策划方案。

_____

📂理论加油站

一、市场营销管理

企业的营销成功要通过营销的管理来落实正确的营销观念。

所谓市场营销管理，是指企业把科学的管理技术和方法运用于对市场营销的管理，通过营销的管理系统（包括营销情报、营销策划、营销组织和营销控制四个系统）发现、分析、选择和利用市场营销机会，以实现企业任务和预期目标的过程。

（一）市场营销管理的组织形式

1. 功能式组织

这是传统的市场营销组织形式。它是根据市场营销需要完成的工作来设立机构的，是直线职能制。如图3-5所示：

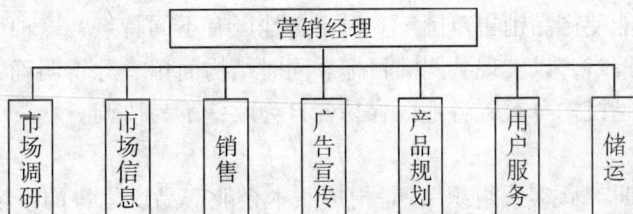

图3-5　功能式组织形式图

其优点是行政管理工作简化。其缺点是由于各机构独立性较强，会强调自己功能的重要性，而不利于内部协调行动。

2. 产品式组织

这是指随着产品品种的增多，为了突显对产品的重视，把产品作为独立部门。如图3－6所示：

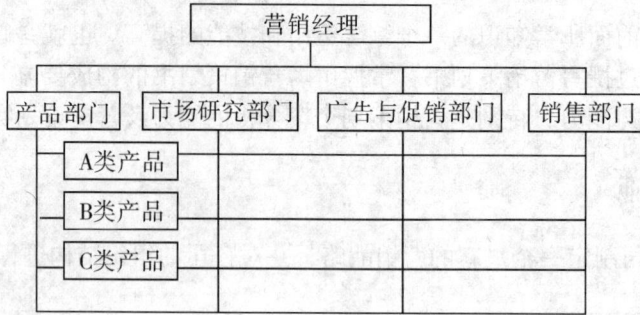

```
                    ┌──────────┐
                    │ 营销经理  │
                    └──────────┘
        ┌─────────┬──────────┬────────────┬──────────┐
   ┌────────┐ ┌──────────┐ ┌────────────┐ ┌────────┐
   │产品部门│ │市场研究部门│ │广告与促销部门│ │销售部门│
   └────────┘ └──────────┘ └────────────┘ └────────┘
      │A类产品│
      │B类产品│
      │C类产品│
```

图3－6 产品式组织形式图

其优点是所经营的所有产品都受到一视同仁的对待，使产品销售量普遍提高。同时，营销专业人员负责一种或几种产品，易于熟悉产品的知识和特点。其缺点是可能增加营销人员，同时会出现几个部门的人员在同一地区重复销售的状况。

3. 地区式组织

这多是大公司、大工厂所采取的组织形式。如图3－7所示：

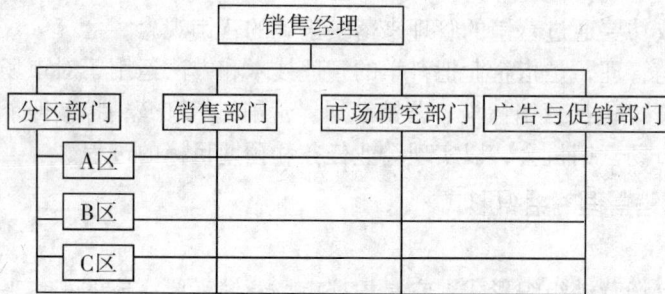

```
                    ┌──────────┐
                    │ 销售经理  │
                    └──────────┘
        ┌─────────┬──────────┬────────────┬──────────────┐
   ┌────────┐ ┌────────┐ ┌──────────┐ ┌────────────┐
   │分区部门│ │销售部门│ │市场研究部门│ │广告与促销部门│
   └────────┘ └────────┘ └──────────┘ └────────────┘
      │A区│
      │B区│
      │C区│
```

图3－7 地区式组织形式图

这种组织形式能使产品销售范围广。由于各地区有不同特点，这种形式可以在不同地区采取不同的营销策略，以实现共同的目标。同时结构简单、分工明确，便于考核营销人员的业绩。其缺点是机构分散，各地区容易各自为政，不易协调。

4. 市场式组织

市场式组织又叫"顾客式组织"，是指按照本企业产品所销售的市场（顾客）差异设立市场营销组织，由专人负责不同购买者类型的营销业务。如图3－8所示：

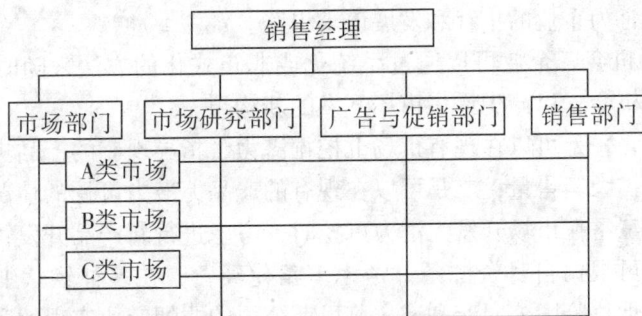

图 3-8　市场式组织形式图

　　这是当企业的市场销售种类较多且差异较大时建立的组织形式。其优点是有利于企业全面掌握不同市场的特殊营销规律，了解市场的特殊需要和发现潜在市场。缺点是与产品式组织相同。

　　市场营销组织不论采取什么形式，其任务都是为了从组织上保证企业整个营销任务的完成。其根本任务都有调研、计划、执行和服务四个方面。为了保证任务的完成，企业内部必须搞好协调，调动各方面的积极性，团结一致地全面实现企业的营销目标。

（二）营销管理的基本任务

　　市场上的需求状态是不断变化的，具有八种典型的需求状态，不同的需求状态应实施不同的营销管理。如表 3-1 所示：

表 3-1　市场需求的八种状态

市场需求状态	营销类型	应改变的状态
负需求	改变营销	正需求
无需求	刺激营销	有需求
潜在（隐）需求	开发营销	实际需求
下降需求	再营销	恢复需求
不规则需求	同步营销	适应需求
充分需求	保持营销	维持需求
溢余需求	减少营销	降低需求
有害需求	反营销	消灭需求

　　营销管理的任务，就是针对市场上各种不同的需求情况，采取不同的营销方式来适应市场需求的变化，以取得预期的营销结果。

（三）营销管理的具体过程

1. 分析市场机会

　　市场机会是指市场上存在的未被满足的消费需求。在当今时代，没有一家公司可以依赖目前的市场和产品而绵延不绝、长盛不衰。所以，任何企业都必须不断地寻找、发现和分析新的市场机会，为企业的生存和发展谋求出路。

（1）发掘市场机会。企业可以通过系统化或非正式化的方法来随时注意获取市场情报，寻找新的市场机会，以产生许多市场开发的新构想。

发现市场机会，一是可以在现有市场上挖掘潜力，指导现有的产品进一步渗透到现有的目标市场上去，扩大销售量；二是可以在现有的产品无潜力可挖的情况下，以现有的产品开发新的市场；三是在市场开发无潜力可挖时，考虑进行新产品开发；四是当产品开发也已潜力不大时，可根据自身资源条件考虑多角化经营，在多种经营中寻求新的市场机会。目前，美国的烟草跨国公司菲利浦·莫里斯公司的非烟产业实现的利润已占到利润总额的60%以上。

（2）评估市场机会。在发掘市场机会后，进行市场机会的鉴别是营销成功的重要前提。要使市场机会变成企业的机会，必须与企业的目标相一致。同时，企业还必须具有利用该市场机会的能力。如果市场机会与企业目标不一致，或企业暂时无能力开发，则是不适宜的市场机会。因此，评估好与企业目标相匹配的市场机会，是正确制定企业经营战略的一个关键环节。例如，上海烟草集团公司成立几年来，注重"以烟为主，多种经营"的市场开发，他们建立并注重发挥多种经营评估机构的作用，大大减少了烟外产业的经营决策失误，烟外产业及商业环节实现的利润已接近全部利润的50%。

（3）选择目标市场。企业在发现和评估市场机会中，往往会产生出许多新的市场开发构想。企业要做的文章是如何从若干好的构想意见中遴选出最能符合企业目标与开发能力的一项作为开发任务。这需要经常做四个步骤的事情：①市场衡量与预测。就是对市场开发的现状与未来的前景做严密的估计。每个企业都希望进入前景良好的市场。由于影响未来市场的因素很多，所以这种预测相当困难。这对企业是很大的挑战，必须做好。②市场细分。假若企业对市场开发的预测很一致，企业还必须进行市场细分的工作。经营者要通过"地理变数"、"人口变数"、"心理变数"和"行为变数"来细分市场。③选择目标市场。细分后的市场各有不同的需求，企业要选择其中的一个或几个进行经营。④市场定位。企业一旦选定目标市场，就要研究如何在目标市场上进行产品的市场定位，即勾画产品形象，为自己的产品确定一个合适的市场位置。

2. 拟定市场营销组合

企业制定出产品开发定位的计划后，便可开始策划市场营销组合的细节。

市场营销组合是企业针对确定的目标市场，综合运用各种可能的营销手段，组合成一个系统化的整体策略，以便达到企业的经营目标。市场营销的手段有几十种之多，麦卡锡把这些手段归为四个因素，简称"4P's"，即产品、价格、分销和促销。

（1）产品。代表企业提供给目标市场的货物或服务的组合，包括产品的品牌、包装、品质、服务以及产品组合等内容。

（2）价格。代表消费者为获得该产品所付出的金额，包括制定零售价、批发价、折扣和信用条件等。

（3）分销。代表企业为使产品送达目标顾客手中所开展的各种活动，包括发挥批发商和零售商的作用等。

（4）促销。代表企业为宣传其产品优点及说服目标顾客购买所开展的各种活动，包括广告、人员推销、营业推广及公共关系等。

3. 组织、执行和控制市场营销

企业为了贯彻落实营销工作，必须设立一个营销组织，由营销经理负责组织实施。营销经理（主管厂长）的任务有：一是协调所有营销人员的工作；二是与财务、生产、研究与开发、采购和人事主管密切配合，同舟共济；三是善于督导、激励、考核和培训下属，检查任务执行情况。

在市场营销计划落实中，常常会发生许多意想不到的情况，企业需要以控制行动来保证市场营销目标的实现。

市场营销控制有三种类型：

（1）年度计划控制。其任务是确保企业能完成年度计划所规定的销售额、利润和其他目标。因此，第一，必须在营销年度计划中设定每月、每季的明确目标；第二，必须采用能衡量市场实际成效和进度的方法；第三，必须找出执行计划中存在严重偏差的原因；第四，必须及时解决问题，消除目标与成效间的差距。这可能需要改进计划执行方式，甚至改变原定的目标。

（2）利润控制。企业必须定期分析不同产品、顾客群和批零渠道上的实际获利情况。尽管企业的会计系统很少能真正及时地反映出营销活动的盈利情况，但营销主管还是要想尽办法完成和超额完成利润计划任务。

（3）策略控制。由于市场营销的内外环境是不断变化的，企业的目标、计划和策略有极易过时的可能性，很多企业都因没有注意瞬息万变的市场变化而导致困境。因此，企业需定期检查市场营销环境、策略、系统运行和组织功能等情况，以加强实施控制。为此需要通过企业的营销四大系统——营销情报、营销策划、营销组织和营销控制系统的彼此关联、密切合作的工作，来实现计划执行过程中的及时控制。

二、营销策划书的构成要素

看一个策划人或一个策划公司的能力水平如何，首先看的是这个策划人或策划公司提交的文案。因此，许多策划专家都非常重视自己向客户提交的文本，文案的语言、包装都非常讲究。因此，认真学习和掌握策划文案的写作，提升自己创作文案能力，是任何一个成功的策划人不可或缺的基础。营销策划一般可包括编写策划书、拟定策划方案和方案预演设计三个部分。

（一）策划书及其构成要素

营销策划书，又称"策划报告"，是对创意后形成的概要方案加以充实、编辑，用文字和图表等形式表达出来所形成的系统性、科学性的书面策划文件。策划书大体上包括以下八大要件：

（1）何事——企业策划的目的与内容。

（2）何人——策划团队与相关人员。

（3）何时——策划操作起止时间。

（4）何处——策划实施的环境场所。

（5）何因——策划的缘由与背景。

（6）何法——策划的方法与措施。

（7）预算——人财物与进度的预算。

（8）预测——策划实施效果的预测。

以上这八个方面，是构成策划书的八个基本要素，其中何法、预算和预测是策划书区别于计划书和其他报告的三个最显著的特征。

（二）策划书的基本结构

1. 策划基础部分

该部分主要是对企业营销背景、市场环境进行分析。具体视策划内容而异，具有共性的内容有以下方面：

（1）宏观环境分析，包括政策法律因素分析、经济因素分析、技术因素分析和社会文化因素分析等。

（2）微观环境分析，包括竞争对手营销战略及状态分析、企业内部优劣势分析等。

（3）企业概况分析，包括企业的历史情况、现实生存状况及未来发展设想等。

（4）对调查材料的分析，包括企业目标市场需求行为调查，购买者购买力调查，购买行为方式调查，企业适应市场需要状况的调查，企业的影响力、知名度和满意度的调查等。

2. 行动方案部分

该部分主要对企业营销活动的范围、目标、战略、策略、步骤、实施程序和安排等进行设计。就策划的指导思想而言，主要策划两个方面的内容：

（1）如何确定目标市场，包括市场细分、市场定位（含对产品的市场定位和对企业的市场定位）、目标市场的选择与确定等。

（2）如何占领目标市场，包括产品策略（新产品开发、产品改良和品牌包装等策略）、价格策略（价格制定、价格变动策略）、渠道策略（分销渠道的选择）及促销策略（商业广告、人员推广、营业推广和公关活动等方面的策略）。

营销策划文案构成的这两个部分是相辅相成、前因后果的关系。基础部分为行动方案部分做铺垫，行动方案的内容不能脱离基础部分提供的前提，否则就成了无源之水、无本之木。

对营销策划文案基础部分的要求是：分析要准确，材料要厚实。对原始材料的处理必须实事求是，丁是丁卯是卯，不能随意胡诌，不能任意编造或夸大、缩小。同时，选用的素材要充分，要为行动方案的形成提供充足、必要的条件。

对营销策划文案行动方案部分的要求是：明确的针对性，强烈的创新意识和切实的可行性。

没有针对性或针对性不强的行动方案是无益于企业的。那种靠某种模式、某种套路去套各类不同的企业的所谓策划行为是不负责的行为，是欺诈行为。任何方案的提出必须根据不同企业的不同情况，不论企业情况如何而一味用固有的、陈腐的和唯一的套路去套用的"策划"，只不过是在制造信息垃圾，不仅不利于企业的发展，有的还会带来负面效应。企业应拒绝这类"策划"。

策划成果的价值贵在创新，只有体现创新意识，具有创新精神的成果才最可贵。策划的创新重在策划人思路的创新、运用知识的创新、营销内容与技巧的创新和手段的创新。成功的策划文案要给人耳目一新、眼前一亮的感觉，给人智慧的启迪和精神的振奋。

策划文案的可行性主要体现在适合企业的实际上，即这些方案不是空穴来风，不是为了束之高阁以供欣赏，而是为了推动企业的发展，为了付诸行动有所收益。文案中的目标一定是通过努力可以达到的，文案中的措施一定是企业可以且有能力实施的。

（三）策划书的内容及格式

由于企业策划的目标、内容与对象不同，策划书不应该有固定的内容与格式。但是，这绝不意味着策划书可以不分层次、不分先后，随心所欲地去写。它也有着自身的格式结构。一般来说，策划书的内容及格式有以下十个方面：

1. 封面

封面一般由策划书的名称、策划单位、日期和编号等内容组成。封面是一份策划书的"脸面"，绝不能小视，尤其是策划名称（也叫标题、题目），必须注意简单明确、立意新颖、画龙点睛和富有魅力。

"起名"是国外策划公司的一项重要业务，要尽量避免一般化，同时名副其实。如深圳华为公司做的企业文化策划起名为"华为基本法"；山东绿源集团做的提升企业核心竞争力的全面策划命名为"跨越巅峰工程"。当然，策划名称要名副其实，不能金玉其外，败絮其中。策划名称一定要与策划书的主题相吻合，用词要言简意赅、一目了然，也要具有鲜明的倾向性，并代表策划的主要意图。一般策划的名称有一个新颖响亮的主标题，还有一个起解释说明作用的副标题。

2. 序文

序文主要描述策划项目的来龙去脉、背景资料、策划团队的介绍和策划书内容的概括等，一般要简明扼要，让人一目了然。这里要注意策划单位的"信誉"、"名气"和策划团队成员的"明星效应"的运用。

3. 目录

目录的内容必须下功夫。如果封面引人注目，序文使人开始感兴趣，那么目录就务求使人读过后能产生强烈的想了解策划书全貌的冲动和欲望。

4. 策划目标

目标表达要求突出准确性、挑战性、现实性、可衡量性和时间性。尽量采用标准、规范的专业术语，避免概念含糊不清。用语尽量数字化，避免"较多"、"广泛"、"大幅度提高"等含混词语。如把策划目标定为"企业利润率有较大幅度增长"就不符合目标的标准。因为利润率有成本、销售、资金等多种，不同人对"大幅度增长"也有不同的理解，所以极容易产生误解。如果改为"截止到 2003 年 12 月 31 日企业资金利润率提高20%"就表达准确了。另外，策划目标也要避免大包大揽、盲目许诺。

5. 策划内容

这是策划书的文本部分，也是整个策划书的主体部分，主要包括各种调查资料和结论、企业问题与机会、问题的原因和机会的依据、创意方法和内容、改进方法及其具体措施、策划要注意的问题等。实际上就是调查报告和解决方案两部分。内容的阐述要主次分明、具体明确，以让读者一目了然为原则。切不可繁杂无序、含糊其词，以免给人造成任务不清、方法不明、不知道策划者到底想干什么或为什么去干的印象。

6. 费用预算

最好列表说明实施策划书所需费用的细目及其依据，排出预算进度时间表。费用必须进行科学、周密的预算，使各项花费控制在最小的规模内，以获得最优的经济效益，实现策划要素的联动优化。也可以根据企业的承受能力，给出几种提供不同量的资金、人力、物力等约束条件和不同的时间进度的不同结果，供企业选择。这样既方便核算，又便于事后查对。

7. 策划需要的场所、环境和条件

对在策划项目操作过程中，需要何种环境、提供哪些场所、求助于何种协作以及需要什么条件等，都要在策划书中加以说明，以保证策划工作得以顺利进行。

8. 预测策划效果

一个成功的策划，其效果是可以预测的。所以，策划者应依据已有的资料，对策划实施后的效果进行科学的预测，并将分析成果体现于策划书中，以增强其策划力度。

9. 参考资料

列出完成本策划案的主要参考文献，如报刊、行业协会或企业内部的统计资料等，以表示策划者的负责态度，提高企业策划的可信度。但资料不必太多，可以选择主要的和实用的资料作为附录。当然，有的资料不必全盘托出，类似独家新闻，有的只公布资料内容，不谈来源；有的只谈资料来源的权威性，不谈细节。参考资料主要的目的是给委托企业提供一个资料平台，以提高企业的经营管理水平。

10. 注意事项

列出企业策划主体双方的权利与义务；关注策划书顺利实施的条件。条件过多，会使企业感到无法实施而否决；条件过于宽松，容易导致策划案因考虑不周而半途而废，影响策划人的信誉；在注意事项里，也应就策划书的知识产权、保密条款等内容做出约定。

以上十项内容，是策划书的一般内容和格式。不是所有的策划书都应如此千篇一律，一应俱全。不同的策划书，因其内容的不同而在格式上也可以有所变化。对此，策划人应该在企业策划过程中灵活运用。

三、营销策划方案的撰写

营销策划文案或称营销策划书，是营销策划的文字报告形式。营销策划文案从形式上要规范、鲜明、具体，具有形象性和可操作性。文案的篇幅要与策划内容的繁简相一致，文案的形式要图文并茂，文案的语言要简约、流畅、生动和绘声绘色，文案的结构要严谨、完善、层层递进、环环相扣和彼此照应。

（一）拟定营销策划案的一般格式

一般情况下，一个完整的营销策划案的内容与格式大体上由前言、正文、结尾和附录四个部分组成。

1. 前言

前言又可称为导言，是策划案的开头部分，其内容包括：策划专题（介绍专题的由来、背景及其意义），指导思想（明确策划的理论依据、行为动力、基本要求和最终目标）和重点、难点与关键（重点是指策划操作中需解决的主要问题；难点是指策划过程中可能出现的困难与障碍；关键是指对策划最为紧要并起决定作用的因素。总的要求是：突出重点，明确难点和抓准关键）。

2. 正文

正文是策划案的主体，其内容主要有：

（1）起止时间。说明本方案计划从何年何月何日起开始实施，到何年何月何日止结束。时间安排要经过科学推算，既要留有余地，又能讲究工作效率。

（2）地点环境。阐明本方案操作地域、范围及内外环境，并予以分析说明。

（3）内容对象。指明本专题开发项目、具体任务、主要创意及操作要点，并提出有关要求。

（4）方法手段。明确本专题运行的方式方法，选择操作的科学手段，落实实施的具体措施。方法手段的选择要依据策划的内容、对象而定，要因事制宜，力求科学有效。

（5）程序步骤。安排本专题策划进程，划分运作阶段，并指明各阶段的起止时间、具体任务和主要目标，以保证策划案得以井然有序地贯彻执行。

（6）统计分析。分析策划实施过程中所需人力、物力和财力的基本状况，统计其标准用量，尽可能做到勤俭节约、精打细算、充分利用和少投高效。

（7）人员责任安排。将本专题策划实施过程中各阶段的组织者、指挥者、参与者和责任人等具体安排，明确责任和权利，并落实到人头。程序步骤、统计分析和人员安排可以列表展示。

3. 结尾

结尾是对策划案的总结、预测和建议。其内容主要有：①对策划案全文做出简要总结；②对策划案实施过程中可能出现的问题和最终效果进行预测，并提出应对的措施；③对策划案的有关事宜及其操作提出意见和建议。

4. 附录

附录是随策划案附带说明的问题和展示的资料，是方案的附件。其内容主要有：注明本专题所引用的文献资料；列出方案实施过程中所需参考书目和经验材料；指出其他注意事项；展示策划操作日程表及组织机构等。最后还需注明策划案设计单位和执笔人的姓名，以及最终定案的时间。

（二）营销策划文案的具体内容

一个完整的策划案涉及的方面比较广，一般来说策划案主要涉及以下内容。

1. 前言

前言的作用在于引起阅读者的注意和兴趣。前言的文字不能过长，一般不要超过一页，字数应控制在 1 000 字以内。其内容可以集中在以下几个方面：

首先，可以简单提一下接受营销策划委托的情况。如：××公司接受××公司的委托，就××年度的营业推广计划进行具体策划。

接下来要重点叙述为什么要进行这样一个策划，即把此策划的重要性和必要性表达清楚，这样就能吸引读者进一步去阅读正文。如果这个目的达到了，那么前言的作用也就被充分发挥出来了。最后部分可以就策划的概略情况，即策划的过程，以及策划实施后要达到的理想状态做简要的说明。

2. 目录

目录的作用是使营销策划书的结构一目了然，同时也使阅读者能方便地查询营销策划书的内容。因此，策划书中的目录不宜省略。

如果营销策划书的篇幅不是很长的话，目录可以和前言同列一页。列目录时要注意的是：目录中所标的页码不能和正文的页码有出入，否则会增加阅读者的麻烦。

因此，尽管目录位于策划书中的前列，但实际的操作往往是等策划书全部完成后，再根据策划书的内容与页码来编写。

3. 概要提示

为了使阅读者对营销策划内容有一个非常清晰的概念，使阅读者立刻对策划者的意图与观点予以理解，总结性的概要提示是必不可少的。换句话说，阅读者通过概要提示，可以大致了解策划内容的要点。

概要提示的撰写同样要求简明扼要，篇幅不能过长，可以控制在一页以内。另外，概要提示不是简单地把策划内容予以列举，而是要单独成一个系统，因此，遣词造句等都要仔细斟酌，要起到"一滴水见大海"的效果。

概要提示的撰写一般有两种方法，即在制作营销策划书正文前事先确定和在营销策划书正文结束后事后确定。这两种方法各有利弊，一般来说，前者可以使策划内容的正文撰写有条不紊地进行，从而能有效地防止正文撰写的离题或无中心化；后者简单易行，只要把策划书内容归纳提炼就行。采用哪一种方法可由撰写者根据自己的情况来定。

4. 环境分析

这是营销策划的依据与基础，所有的营销策划都是以环境分析为出发点的。环境分析一般应在外部环境与内部环境中抓重点，描绘出环境变化的轨迹，形成令人信服的依据资料。

环境分析的整理要点是明了性和准确性。所谓明了性是指列举的数据和事实要有条理，使人能抓住重点。在具体做环境分析时，往往要收集大量的资料，但所收集的资料并不一定都要放到策划书的环境分析中去，因为过于庞杂的资料往往会减弱阅读者的阅读兴趣。如果确需列入大量资料，可以以"参考资料"的名义列在最后的附录里。因此，做到分析的明了性是策划者必须牢记的一个原则。

所谓准确性是指分析要符合客观实际，不能有太多的主观臆断。任何一个带有结论性的说明或观点都必须建立在客观事实基础上，这也是衡量策划者水平高低的标准之一。

5. 机会分析

这一部分可以把它和前面的环境分析看作是一个整体。而实际上，在很多场合，一些营销策划书也确实是如此处理的。

在这里，要从上面的环境分析中归纳出企业的机会与威胁、优势与劣势，然后找出企业存在的真正问题与潜力，为后面的方案制定打下基础。企业的机会与威胁一般通过对外部环境的分析来把握；企业的优势与劣势一般通过对内部环境的分析来把握。在确定了机会与威胁、优势与劣势之后，再根据对市场运动轨迹的预测，就可以大致找到企业的问题所在了。

6. 战略及行动方案

这是策划书中的最主要部分。在撰写这部分内容时，必须非常清楚地提出营销目标、营销战略与具体行动方案。这里可以用医生为病人诊断的例子来说明。医生在询问病情、查看脸色、把脉以及进行各种常规检查后（这可以看作是进行环境分析和机会分析），必须对病人提出治疗的方案。医生要根据病人的具体情况为其设定理想的健康目标（如同营销目标），依据健康目标制定具体的治疗方案（如同营销战略与行动方案）。因此，"对症下药"及"因人制宜"是治疗的基本原则。所谓"因人制宜"是指要根据病人的健康状况，即承受能力下药，药下得太猛，病人承受不了，则适得其反。

在制定营销战略及行动方案时，同样要遵循上述两个基本原则。常言道："欲速则不达。"在这里特别要注意的是避免人为提高营销目标以及制定脱离实际、难以施行的行动方案。可操作性是衡量此部分内容的主要标准。

在制定营销方案的同时，还必须制定出一个时间表作为补充，以使行动方案更具可操作性。此举还可提高策划的可信度。

7. 营销成本

营销费用的测算不能马虎，要有根据。像电台广告、报纸广告的费用等最好列出具体价目表，以示准确。如果价目表过细，可作为附录列在最后。在列成本时要区分不同的项目费用，既不能太粗，也不能太细。用列表的方法标出营销费用也是经常被运用的，其优点是醒目。

8. 行动方案控制

此部分的内容不用写得太详细，只要写清楚对方案的实施过程的管理方法与措施即可。另外，由谁实施方案，也要在这里提出意见。总之，对行动方案控制的设计要有利于决策的组织与施行。

9. 结束语

结束语主要起到与前言的呼应作用，使策划书有一个圆满的结束，而不致使人感到太突然。在结束语中再重复一下主要观点并突出要点是常见的。

10. 附录

附录的作用在于提供策划客观性的证明。因此，凡是有助于阅读者对策划内容的理解、信任的资料都可以考虑列入附录。但是，为了突出重点，可列可不列的资料还是不列为宜。作为附录的另一种形式是提供原始资料，如消费者问卷的样本、座谈会原始照片等图像资料等等。作为附录也要标明顺序，以便查找。

（三）营销策划书的撰写技巧

营销策划书和一般的报告文章有所不同，它对可信性、可操作性以及说服力的要求特别高。因此，运用撰写技巧提高可信性、可操作性以及说服力，这也是策划书撰写的追求目标。

1. 寻找一定的理论依据

欲提高策划内容的可信性，并使阅读者接受，就要为策划者的观点寻找理论依据。事实证明，这是一个事半功倍的有效办法。但是，理论依据要有对应关系，纯粹的理论堆砌不仅不能提高可信性，反而会给人脱离实际的感觉。

2. 适当举例

这里的举例是指通过正反两方面的例子来证明自己的观点。在策划报告书中，适当地加入成功与失败的例子既能起到调节结构的作用，又能增强说服力，可谓一举两得。这里要指出的是，举例以多举成功的例子为宜，选择一些国外先进的经验与做法，以印证自己的观点是非常有效的。

3. 利用数字说明问题

策划报告书是一份指导企业实践的文件，其可靠程度如何是决策者首先要考虑的。报告书的内容不能留下查无凭据之嫌，任何一个论点都要有依据，而数字就是最好的依据。在报告书中利用各种绝对数和相对数来进行比照是绝对不可少的。要注意的是，数字需有出处，以证明其可靠性。

4. 运用图表帮助理解

运用图表能有助于阅读者理解策划的内容。同时，图表还能提高页面的美观性。图表的主要优点在于有强烈的直观效果，因此，用其进行比较分析、概括归纳和辅助说明等非常有效。图表的另一优点是能调节阅读者的情绪，从而有利于读者对策划书的深刻理解。

5. 合理利用版面安排

策划书的视觉效果的优劣在一定程度上影响着策划效果的发挥。有效利用版面安排也是策划书撰写的技巧之一。版面安排包括打印的字体、字号、字距、行距以及插图和颜色等等。如果整篇策划书的字体、字号完全一样，没有层次、主辅，那么这份策划书就会显得呆板，缺少生气。总之，良好的版面可以使策划书重点突出，层次分明。

应该说，随着文字处理的电脑化，这些工作是不难完成的。策划者可以先设计几种版面安排，通过比较分析，确定一种效果最好的设计，然后再正式打印。

6. 注意细节，消灭差错

细节往往会被人忽视，但对于策划报告来说是十分重要的。可以想象得出面对一份错字、漏字频繁出现的策划书，读者怎么可能会对策划者抱有好的印象呢？因此，对打印好的策划书要反复仔细地检查，特别是对于企业的名称、专业术语等更应仔细检查。另外，纸张的好坏、打印的质量等都会对策划书本身产生影响，所以也绝不能掉以轻心。

（四）拟订策划案的原则

1. 实事求是

策划案是一份执行手册，如果说策划书还能运用高深的理论和各种模型去深入论述的话，策划案就必须务实，使方案更符合企业条件的实际、员工操作能力的实际、环境变化的实际和竞争格局的实际等。这就要求人们在设计策划案时一定要坚持实事求是的科学态度，在制定指标、选择方法和划分步骤的时候，要从主客观条件出发，尊重员工和他人的意见，克服设计中自以为是和先入为主的主观主义，要用全面的、本质的和发展的观点来观察和认识事物。

2. 严肃规范

严肃规范就是要求人们在设计策划案时一定要严格地按照策划书的意图和科学程序办事。策划案是为策划书的开发利用寻找方法、安排步骤和制订规划的。它的出台，是策划人依据策划的内在规律，遵循操作的必然程序，严肃认真、一丝不苟、精心编制而成的。

所以，在拟订策划案的过程中，要避免粗制滥造。严肃性原则还表现在，一个科学合理的策划案被采纳之后，在实际的操作过程中，任何人不得违背或擅自更改。

3. 简单易行

简单易行就是要求人们在设计策划案时一定要做到简单明了、通俗易懂、便于推广和便于操作。任何一个方案的提出，都是为了能够在现实中容易操作，并通过操作过程达到预定的目标。为此，我们在策划案各要素的安排和操作程序的编制上，要依据主客观条件，尽量化繁为简、化难为易，做到既简单易行，又不失其效用。

4. 灵活弹性

灵活弹性就是要求人们在设计策划案时一定要留有回旋余地，不可定得太死。当今是高速发展的时代，策划案虽然具有科学预见性的特点，但它毕竟与现实和未来还存在较大的差距，所以，它在实施过程中难免会遇到突如其来的矛盾、意想不到的困难。如：资金未到位，人员没配齐，物资不齐全，时间更改，地点转移和环境变化等。这些因素我们必须都估计到，并提出应变措施，使之能渗透到方案的各个环节之中。一旦情况出现，便可及时对已定方案进行修改、调整。这样，既保证了原有意图在不同程度上得以实现，又避免了因策划案的夭折而造成重大损失。

5. 逻辑思维原则

商品企划的目的在于解决企业行销中出现的问题，制定解决方案，按照逻辑性思维来编制企划书。策划人首先是了解企业的现实状况，描述进行该企划的背景，分析当前市场状况以及目标市场，再把企划中心目的全盘托出；其次，详细阐述企划内容；再次，明确提出解决问题的对策；最后，预测实施该企划方案的效果。

6. 创意新颖原则

商品企划方案应该是一个"金点子"，也就是说要求企划的"点子"（创意）要与众不同，内容新颖别致，表现手段也要别出心裁，给人以全新的感受。新颖、奇特和与众不同的创意是商品企划书的核心内容。

✍ **案例分析**

案例 3 - 2

京东商城营销策划书

360buy.com 京东商城

目 录

一、概述

随着网络技术日新月异的进步，电子商务款款走上了零售业的红地毯，进入飞速发展的状态。2010 年电商发展呈现诸多亮点，比如麦考林、当当网的成功上市引发的第一波 B2C 上市浪潮；大型传统渠道商、制造商乃至央企的电子商务化进程加速；B2C 的百货化和平台化等。与此同时，快节奏的生活、稀缺的时间使得网上购物开始成为人们青睐的消费方式。因此，中国网络零售业的发展趋势应该是不容阻挡的。通过派发本策划最后的调查问卷，我们便可以清楚地知道现在网络零售业的市场和前景。

目前，B2C 市场开始进入"成熟期"。随着国内网络购物监管环境逐渐规范，物流配送体系逐步完善，以及购物网站服务质量的提高和网民对网购接受度的增强，国内网络购物环境日趋成熟，网购行业将进入高速发展期。中国 B2C 企业前端和后端的能力差距已经开始缩小，很多企业已经实现 IPO，尤其是在细分市场。B2C 代替 C2C 成为网购主流是行业发展的必然趋势。C2C 对国内网络购物市场的培育贡献巨大，但随着网购市场的逐步完善，B2C 在商品质量、服务保障方面的优势愈加突显，网民对 B2C 网购的认可程度相对更高，导致 B2C 转化率缓步趋高。专业化的服务能力是综合 B2C 的短板，也是创新场上在 B2C 市场生存的唯一砝码。

（一）建议主旨

1. 开展"网络 Party"活动，提高京东商城的知名度。

2. 开拓和建立新的版块，针对特定消费群体，加强版块内的互动，增添网络人气，形成固定消费群体。

3. 建议购物组合，让消费者省心放心，提高商品销售量。

（二）本策划预算成本为 1 000 万元人民币

二、目标市场分析

（一）企业情况分析

京东商城是中国 B2C 市场最大的 3C 网购专业平台，是中国电子商务领域最受消费者欢迎和最具影响力的电子商务网站之一。京东商城目前拥有遍及全国各地的 2 500 万注册用户, 近6 000家供应商, 在线销售家电、数码通信、电脑、家居百货、服装服饰、母婴、图书和食品等11大类数万个品牌百万种优质商品, 日订单处理量超过30万单, 网站日均PV超过5 000万。2010年, 京东商城跃升为中国首家规模超过百亿的网络零售企业, 连续六年增长率均超过200%, 现占据中国网络零售市场份额的35.6%, 连续10个季度蝉联行业头名。

（二）行业情况分析

京东商城作为中国电子商务领域最受消费者欢迎和最具影响力的电子商务网站之一, 京东商城网——360buy京东商城无论在访问量、点击率、销售量以及业内知名度和影响力上, 都在国内的3C网购平台中拥有举足轻重的地位。

日前, 中国互联网络信息中心（China Internet Network Information Center, 简称CNNIC）发布了《中国B2C垂直商品网络购物用户行为研究报告》（以下简称"报告"）。报告显示, 在B2C购物网站中, 淘宝商城的用户渗透率最高, 有63.4%的B2C网购用户使用淘宝商城; 其次是当当网, 用户渗透率为20.8%; 第三是卓越网, 用户渗透率为11.9%; 京东商城用户渗透率达到10.5%。大部分B2C网购用户只在一个购物网站购买某一类商品, 少数用户在两个以上购物网站购买同一品类商品。

从以上信息可以看出, 虽然京东商城具备有竞争力的价格和逐渐完善的物流配送体系等各项优势, 但在市场占有率方面还有待提高。

（三）目标消费者分析

第十次CNNIC的调查结果显示, 35岁以下的网民占82.0%, 35岁以上的网民占18.0%, 两者之比为4.6:1。35岁以下的网民仍然是互联网时代的主力军。在各个年龄段中, 18~24岁的年轻人所占比例为最高, 达到37.2%, 其次是25~30岁（16.9%）和18岁以下（16.3%）。

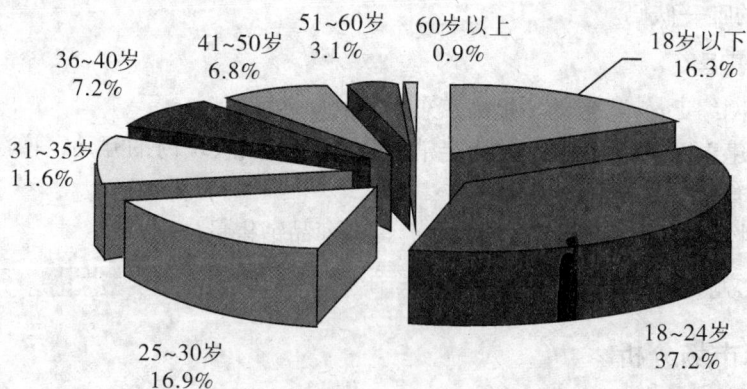

从基数大小来分析, 综合统计和实验等方法将京东商城的主要目标团体定位在18~35

岁的青年。并通过细分可以分为以下两大主体：

1. 新新人类

"新新人类"是在现代城市中越来越多地出现的一个成员为数不少的群体。诸如在城市里流行的"愤青"、"小资"、"海龟"、"漂一族"和"波波"等。在中国，"新新人类"是指出生在 1980 年以后的一代人。他们生长在"421 时代（即祖辈 4 人、父母 2 人、孩子 1 人）"，生活在一个基本需要能快速和轻易得到满足的经济社会里，他们的消费态度更加个性化，且更加倾向于网上购物。

他们关心的不仅仅是基本需要，而且更关注新颖、独创又富有特色的产品和服务。他们的口号是：花钱就是一种"快乐的感觉"，"我喜欢就买"，他们典型的生活方式就是所谓的"拼命地干，拼命地玩，拼命地享受"。

他们主导着网上消费的流行，可以决定厂商生产什么样的汽车，房地产商盖什么样的房子，甚至重新确定奢侈品的定义，他们的出现重新界定了网络顾客和电子商务市场的含义。只有让这些新新人类消费者从心底里发出"哇塞"的惊叹，实现销售的可能性才最大。客户"哇塞"的次数越多，声音越响亮，就是对你服务水平的最高评价与赞誉，顾客与网站的关系也才能是最真诚的。

2. 新男性消费的崛起

在中国，一项针对 10 个大都市居民的最新调查显示，每 5 个城市成年男性会有 1 个自认为是"新男性"。调查分析表明，新男性要自信，要有实力，更要接近于新派的成功男性。对中国男人来说，权力和"面子"是必不可少的两种装备，购买商品通常不是为了需要而是为了面子。人们努力工作是为了获得社会的某种肯定，能够提升个人魅力。其中教育、科技产品、品牌服装和健康产品是重要消费力量。

网上购物对于厌烦逛街的男性来说是一种十分体贴的购物方式，因为方便、实惠的特色是男性购物的追求。

三、市场定位

（一）比附定位

京东商城是中国 B2C 市场最大的 3C 网购专业平台，该网站凭借遍及全国的 2 500 万注册用户、覆盖人们生活每一部分的 11 类丰富优质商品、"做中国最大、全球前五强电子商务公司"的雄心壮志，以及更具竞争力的价格和逐渐完善的物流配送体系赢得了市场占有率多年稳居行业首位的骄人成绩。

（二）利益定位

根据商品所能满足的需求来定位，秉承"顾客至上"的原则，京东总是为满足消费者倾向于得到物美价廉商品的购物心理而服务。京东通过种类丰富的商品、良好的售后服务态度，以及具有竞争力的价格和免运费的物流服务，希望达到吸引更多消费者光顾并增加销售量的目的。

（三）质量/价格定位

结合对照质量和价格来定位，京东相对来说是物美价廉做得比较好的购物网站，并一直在努力完善中。商品来自数万个品牌的百万种优质产品，价格也具有竞争力，日订单处理量超过 30 万单。

四、网络营销设计

（一）网络营销目标

在中国 1.61 亿网络购物用户的巨大群体中，青年所占的比例达 56.2%。针对这一庞大的消费群体，京东商城推出全新的吸引青年消费者的"网络 Party"，来刺激消费者体验消费，扩大京东商城的消售量，以此来扩大市场占有率。

（二）网络营销推广策略

网络 Party

网络 Party 理念的提出是基于现实世界中的 Party 带给人们一种快乐和欢畅的体验，从而倡导的一种快乐购物的理念。这是一种新型的营销模式，目前尚未在任何一个网购网站上推出，这个理念也许会打破购物网站创新性匮乏的瓶颈，给京东提供一个宣传筹码。

网络 Party 可以分为当前热门话题和京东产品分类两大版块。

1. 当前热门话题就是从当红电视剧（如《男人帮》）、书籍（如《乔布斯传》）、电影（如《失恋 33 天》）等方面入手，引出与其中剧情、人物、话题等相关的产品，做一些产品展示，也可以做产品组合的展示。该版块支持商家自己推出的产品，也支持消费者在版块上发表言论，自由进行产品组合，并且从购买量方面给出热度排名。

2. 京东商城中的产品分类有图书、音像，家用电器、汽车用品，计算机软件、办公，服饰鞋帽，礼品箱包、钟表首饰，母婴玩具、乐器，手机数码，家具厨具、家装，个护化妆，运动健康，食品饮料、保健品这 11 大类。这些可以根据消费对象细分为书友和音乐发烧友版块、快乐主妇和爱车族版块、潮人版块、礼物版块、妈咪宝贝版块、3C 达人版块、美妆 MM 版块、爱家版块、美食版块 9 个版块。

（1）书友和音乐发烧友版块：推出一种专家推荐的各个专业由浅入深的图书排行指导，以面向读者提出一些购书方案，每一种图书都直接链接到京东的支付方式，便于消费者实时购买。推出"每日京东唱片主打歌"，将当日唱片销售冠军的主打歌做展示，并附上消费者对歌曲的评价等。建立音乐发烧友论坛，让有想法的发烧友提出对各唱片的意见，并做出自己的推荐，网站人员及时地将相关商品链接加入帖中。

（2）快乐主妇和爱车族版块：推出家庭生活的各种常识（譬如抽油烟机的清洁），定时更新，并附上购物链接。在推出产品静态图片展示和动态使用方式展示过程中，有卖家的在线答疑和买家的推荐和评价。男性对车总有一种莫名的喜好，在版块中添加男性元素，将吸引更多新男性群体的关注。推出"每日爱车"的图片展示，将不同京东汽车装饰商品组合起来的装车效果做一展示图，每一种展示都附有装饰所用饰品的购物链接。

（3）潮人版块：贴出明星们出镜的照片、平面模特照片和街拍照片等服装搭配的效果展示图，在旁边附上图中涉及商品的购物链接。

（4）礼物版块：将各种节日礼物、各种对象礼物进行分类，并给予一定的礼物意义解释。

（5）妈咪宝贝版块：附上一些胎教、幼儿教育的课程视频，提供一个妈咪晒宝贝照的空间，让妈咪们有一个交流的平台。并请专家来介绍各个时期宝贝应该注意什么，然后附上相应商品的链接。

（6）3C达人版块：3C产品爱好者可以晒自己的3C爱品，评价性能，做比较。网站提供一个产品小问题的指导修复服务，还有售后服务。

（7）美妆MM版块：提供专业化妆师的化妆技巧，并在其后附上产品链接。

（8）爱家版块：展示家装效果图，并附上家装材料链接。

（9）美食版块：菜谱、营养食物组合，各种体质人群适合吃的食物，各种场合适合的食物组合，其后附上相应产品链接。

"新新人类"喜欢新颖和个性化，上述各种丰富的版块便足够吸引眼球了，音乐、书籍、美妆、美食……相信逛京东的过程都会让他们很享受生活的多姿多彩。在"421"时代，消费者对孩子的教育也越发看重，妈咪宝贝版块将让网友们更多地感受到京东对人们需求的了解以及人性化销售，同时自然而然地增加了京东的销售量。再看"新男性消费"，漫长的逛街之旅总不是男性所喜好的，而爱车版块、潮人版块以及爱家版块等浓缩的精华将极大地缩短他们在逛街上花费的时间，同时能够感受到各种各样的物品所带来的视觉盛宴。潮人版块中的服饰搭配相信会给男性朋友们带来一种不一样的穿衣风格，而爱家版块相信也会增加男性朋友们在工作之余对家的关注和责任。

五、定价策略

（一）网上低价策略

京东商城借助互联网进行比传统的销售价格低廉的销售，尤其是家电产品和数码产品比传统销售渠道低10%～15%。因消费目标对商品价格的弹性总体较大，商城可继续延续此低价策略。

（二）促销策略

促销商品的重点放在消费者自行搭配的商品组合上，并提供平台由消费者自行推荐组合，增加消费者的参与度，进入热度排名组合的搭配发起者可获得相应的积分奖励。连续进入热度排名一定时间（如一周）的组合在下一周期内打折促销，当期购买者获得一定的京东券作为差价补偿。

六、服务建立（客户支持服务）

（一）顾客忠诚战略

在物质比较丰富的时代，商家提供的商品都没有太大的差别，于是顾客便会去寻求服务态度好的商家进行合作。如果顾客得到的服务不足以克服价格上的差异，那么商家保持自己的高销售量就是不太可能实现的目标。于是，为了获得顾客的青睐和忠诚，商家首先得对顾客忠诚。拿京东来说，京东之前会在网站商品的网友评价一栏中删除掉顾客的差评，这就是对顾客的不诚实，当事件暴露后，顾客对京东的信任度必然降低，销售量就可能下降。所以，遵循对顾客忠诚战略，就要允许顾客发表真实的意见和看法，选择对顾客真诚，顾客便会回赠真诚。改正顾客所提出的不好的方面，更多地为顾客着想，商品就将会有更广阔的市场。

（二）实行实时沟通

提及互联网，我们首先想到的一个字就是"快"。在这个快节奏的社会，顾客对他们的物品到达要求也是非常高的，在物流方面，他们总是希望商品在一两天里就能到达，于是，谁能尽可能地满足他们的需求，谁就将成为他们的第一个选择。在顾客们的词典里，"及时"的意思就是"实时"、"随时"，在反馈信息方面，他们也总是希望在几分钟内便得到回答，比如对商品和网购过程中的疑问，此时，京东需要做的就是不断刷新自己的网页，做到及时回答，满足顾客希望得到重视的心理，留住长期客户。

（三）顾客关系的再造

在网购上，人们更多的是关心售后问题，所以，商家售后服务是否优良，成为顾客在众多网店中进行选择的重要标准。当顾客对所购商品不满意时，商家就得针对事实情况予以退换或补偿。选择站在顾客的角度思考问题，提升顾客内心的满意度，暂时的亏损很有可能会带来永久的利益。

七、广告

（一）广告预算

此次策划营销可作为长期的策略，广告涉及范围和媒体领域需要比较广，广告预算约为 1 000 万人民币。

（二）广告信息

传递广告信息的主题为"网络 Party，快乐购物"，强调我们京东商城提供的互动平台，完美的购物体验。

（三）广告媒介管道

我国互联网络信息中心（CNNIC）的最新调查结果显示，在用户对网络广告的看法方面，选择有时点击和经常点击的人有 63.4%，比半年前的 50% 有所增加。在用户是否愿意收到网络广告邮件作为选择物品或服务的参考方面，表示愿意的占 36.0%，与半年前的 31.3% 相比也有所提高，说明网络广告这种形式正逐渐被人们所接受。43.2% 的用户认为在未来一年中网络广告这种广告形式具有更好的宣传效果，其次是电视、户外广告、报纸杂志、宣传册和广播，由此可以看出网络广告在广大网民心目中的预期地位已经可以和传统媒体广告相媲美。所以，京东商城作为网络商城，可以选择将网络广告作为广告投放的重点。

对于网络广告，在形式上可以表现为在线收听、收看和调查等。公司除了选择在新浪等大型门户网站上大篇幅刊登广告外，还可以重点投放于新新人类和新男性消费群体常使用的论坛、视频网站和其他交流平台上。同时，通过搜索关键字排名提高自己的知名度。

八、附录

关于网上购物的调查问卷

在空闲时间越来越少，人们越来越宅的情况下，网上购物到底能否被广大消费者所接受呢？

1. 您的性别是？

A. 女　　　　　　B. 男

2. 您属于下列哪个群体？

A. 18 岁以下　　　B. 18～24 岁　　　C. 25～30 岁　　　D. 31～35 岁

E. 36～40 岁　　　F. 41～50 岁　　　G. 50 岁以上

3. 您经常网购吗？（选 C 跳至最后一题）

A. 经常　　　　　　B. 偶尔　　　　　　C. 从不

4. 您觉得网购的好处是什么？

A. 方便快捷　　　B. 物美价廉　　　C. 时尚流行　　　D. 选择多　　　E. 其他

5. 网购时您通常选择哪个网站？

A. 淘宝　　　　　B. 京东商城　　　C. 亚马逊　　　D. 当当　　　E. 其他

6. 您通常网购什么？

A. 服饰　　　　　B. 书籍音像　　　C. 家电　　　D. 配饰　　　E. 其他

7. 您接受网购的金额在什么范围内？

A. 100 元以内　　B. 101～500 元　　C. 500 元以上

8. 网购时您通常选择哪种付款方式？

A. 支付宝　　　　B. 货到付款　　　C. 邮局汇款　　　D. 其他

9. 网购时您如何选择卖家？

A. 看卖家的信誉度等级　　B. 看价格优惠程度　　C. 看消费者评价　　D. 其他

10. 如果您对网购不满意怎么办？

A. 退货　　　B. 忍气吞声，再不选这一家店　　C. 无所谓　　　D. 其他

11. 您认为网购的发展前景怎么样？

A. 发展空间很大　　　　B. 一般　　　　C. 越来越不被人接受

12. 您不选择网购的原因是？

A. 质量无保障　　B. 售后服务问题　　C. 货款支付问题　　D. 其他

讨论题

请同学们就京东商城的策划案例进行分析，并找出可取之处和不足之处。

✕技能训练

一、训练内容

创业策划：以你所熟悉的行业、产品，或者你希望从事的行业为背景，制作一份创业策划书。

二、训练要求

（1）能综合运用"实用市场营销学"课程所学知识，从消费者需求分析、环境分析和市场竞争分析等多方面入手，进行合适的产品细分与市场定位、选择，并制定出相应的产品策略、价格策略、渠道策略及促销策略。

（2）策划书要求全面、实用，在条件具备时可以以此为依据创业、实施。

三、训练目标

通过本项策划，考查学生综合运用本学期所学营销与策划知识的效果，培养学生全方位营销策划与实施的能力。

四、训练步骤

（1）学生利用课余时间思考、寻找可供选择的产品与行业，以个人为单位拟订自己的营销策划方案初稿。

（2）分小组讨论各自的营销策划初稿，在讨论的基础上修改、完善初稿。

（3）集中讨论。各小组选派代表发言，通过发言、同学提问、解答和再集中讨论的形式，进一步明确策划书修改、完善的方向。

（4）在吸纳前两个阶段讨论意见的基础上，各自修改、完善营销策划书初稿，正式成文，撰写该项目营销策划书确定稿。

任务探究

1. 还有哪些新型的市场营销手段？

2. 如何成为一个具有营销管理能力的高素质人才？

参考文献

［1］［美］菲利普·科特勒．营销管理：分析、计划、执行和控制（第10版）．梅汝和，梅清豪，张桁译．上海：上海人民出版社，2001.

［2］［美］菲利普·科特勒，加利·阿姆斯特朗．市场营销原理（第7版）．郭国庆，钱明辉，陈栋等译．北京：清华大学出版社，1999.

［3］［美］查尔斯·W·小兰姆，约瑟夫·F·小海尔，卡尔·麦克丹尼尔．营销学精要．杨洁，李丽，王英男等译．大连：东北财经大学出版社，2000.

［4］曲建忠．市场营销学（第6版）．北京：机械工业出版社，2007.

［5］吕成斋．新编市场营销．北京：电子工业出版社，2011.

［6］郭国庆．市场营销学通论（第4版）．北京：中国人民大学出版社，2011.

［7］张留成．市场营销．武汉：武汉理工大学出版社，2011.

［8］吴建安．市场营销学（第4版）．北京：清华大学出版社，2010.

［9］范云峰，刘章，顾永清．市场营销．北京：中国经济出版社，2003.